1

„Vom Kundenberater zum Kundenmanager"

Inhalt :

Vorwort

Beraten und Verkauft

Ist – Stand

Unternehmensziele

Kundenmanagement

Bedarfsanalyse

Der/Die Verkäufer/in – Kundenberater/in

Kommunikation

Persönlichkeitsmarketing

Der Schlüssel zum Verkaufserfolg

Nutzenargumentation

Maßnahmen zur Umsteuerung

**Selbstkenntnis, Selbsterkenntnis
und Menschenkenntnis**

Ziel : Kundenmanager

Vorwort

Fast 30 Jahre war ich im Verkauf / Vertrieb für ver-schiedene Unternehmen, sowohl auf Hersteller-seite als auch im Groß- und Einzelhandel tätig.
Als Verkäufer / Kundenberater, Gebietsverkaufs-leiter, Verkaufsleiter und als Geschäftsführer;
zuletzt als Inhaber einer Versicherungsagentur mit mehreren Mitarbeitern.
In all diesen Jahren habe ich natürlich viel erlebt, viel gesehen und gehört und somit auch jede Menge Erfahrungen sammeln dürfen, die ich nun gerne weitergeben möchte.

<u>Aus der Praxis - für die Praxis, das ist mein Anliegen.</u>

Es gibt viele bestens ausgebildete Verkaufstrainer, Mentoren und Coachs, die sicher theoretisch nahezu perfekt sind, von denen aber einigen die praktischen Erkenntnisse und Erfahrungen fehlen, so dass es für sie schwer ist die Theorie mit der Praxis, also mit der „Wirklichkeit" zu verbinden.
Praktische Erkenntnisse und Erfahrungen sind in der heutigen Zeit aber unabdingbar, denn daraus ergeben sich vielfältige Schlussfolgerungen für die unmittelbare Arbeit und somit sollte man auf diese nicht verzichten.

Auch ich habe nicht immer alles richtig gemacht.

Aber was ist schon "RICHTIG"?

Damit beginnen schon die Fragen, die Unsicherheiten, die Überlegungen, die Diskussionen.

Der "Beruf" des Verkäufers / Kundenberaters bzw. des sogenannten Vertreters ist speziell in Deutschland nicht gerade beliebt.

Woran liegt das?

Natürlich immer zuerst an den jeweiligen Personen selbst, deren Auftreten, deren Fachkompetenz ... , aber auch und das in nicht unerheblichem Maße, an den sogenannten Firmenphilosophien der einzelnen Unternehmen und den Anleitungen durch die Chefs und Vorgesetzten.
Welche Stellung haben die Verkäufer/Vertreter/ Kundenberater im Unternehmen, in welche "Zwänge" werden sie gesteckt, wie dürfen sie sich in den Vertriebsprozess einbringen, sind ihre Vorschläge / Ideen gefragt, werden sie regelmäßig weitergebildet und geschult und werden sie angemessen entlohnt?

All das sind wichtigen Voraussetzungen um erfolgreich sein zu können.

Und dann kommt natürlich auch noch das "Wollen und Können" des Verkäufers/Kundenberaters hinzu. Nicht jeder / jede ist dafür geeignet.
Aber auf diejenigen die sich für den Verkauf / Vertrieb entscheiden warten spannende und interessante Aufgaben, die durchaus zu Akzeptanz und Anerkennung führen können.

Entscheidend ist, dass man es "RICHTIG" macht.

Dazu möchte ich Ihnen Vorschläge unterbreiten, die Sie individuell nutzen können aber auch zum eigenen Nachdenken anregen sollen.

Natürlich sind dass alles keine Patentlösungen, die zwingend funktionieren müssen, da nun mal nicht alle Menschen gleich sind (sowohl auf Verkäufer - als auch auf Kundenseite), und sich der "Markt" auch ständig weiterentwickelt, aber wenn Sie zu Ihrer eigenen Individualität finden und diese in der täglichen Tätigkeit entsprechend einsetzten und nutzen, können Sie erfolgreich und anerkannt sein.

Beraten und Verkauft

Sie als Kunde, wie oft haben sie sich schon so gefühlt?

Sie haben entweder von der „Beratung" nicht wirklich etwas verstanden, weil man Ihnen (für Sie nicht verständliche) Fachbegriffe um die Ohren geschlagen hat, oder aber Sie haben sich von dem „Kundenberater / in – Verkäufer / in" einfach nicht verstanden gefühlt.
Von der Art und Weise der „Beratung" mal ganz abgesehen.

Hat sich der „Kundenberater / in – Verkäufer / in" voll auf Sie (und Ihre Wünsche, Vorstellungen, Bedürfnisse …) konzentriert?

Hat er / sie nach (für Sie akzeptablen) Lösungen bzw. Alternativen gefragt und gesucht?
Hatten Sie das Gefühl im „Mittelpunkt" zu stehen?

Damit wir uns nicht falsch verstehen, natürlich gibt es solche „Kundenberater/innen – Verkäufer/innen", die das Alles berücksichtigen, auf Sie und Ihre Wünsche, Vorstellungen, Bedürfnisse … eingehen und somit als „Profis" agieren.
Diese kann man dann durchaus auch schon als „Kundenmanager" bezeichnen.
Aber insgesamt gibt es da wohl noch eine Menge Nachholbedarf, auch bedingt durch die sich ständig ändernden wirtschaftlichen Situationen.
Um diesen Nachholbedarf soll es hier gehen, damit Sie sich zum einem als Kunde wohler fühlen und zum anderen als „Verkäufer / in" weiterentwickeln, besser werden und Ihnen somit letztendlich auch Ihre Arbeit mehr Spaß machen kann.

„Die besten Ideen kommen mir, wenn ich mir vorstelle, ich bin mein eigener Kunde."
Charles Lazarus

Ist – Stand

Das ganze Leben besteht doch irgendwie aus Kaufen und Verkaufen.

Egal ob es sich dabei um bestimmte einzelne und komplexe Produkte oder um Dienstleistungen aller Art handelt.

Der sogenannte „Deal" muss auch nicht immer die Komponente Geld beinhalten.
Es gibt vielfältigen Möglichkeiten des „Ausgleiches".

Aber trotzdem – es geht immer irgendwie ums – Kaufen und Verkaufen!!!

Wenn und da dem so ist, sollte man wohl annehmen, dass das Thema Verkaufen in allen Unternehmen, Firmen, Einrichtungen, Gesell - schaften, Geschäften ... sehr ernst genommen wird und man versucht alles zu tun um Defizite zu beseitigen und perfekt zu werden.

Aber leider ist dem nun doch nicht so.

Das „Verkaufen" wird meistens dann doch noch als „notwendiges Übel" betrachtet.
Der Vertrieb ist eine Aufgabe, eine Abteilung, ein Bereich ... von mehreren.
Und diese Abteilungen / Bereiche konkurrieren auch noch miteinander um die Vormachtstellung im Unternehmen.

Gründe dafür können sein:

Der Firma / dem Unternehmen geht es insgesamt wirtschaftlich zu / noch gut.
Die Firma / das Unternehmen agiert als „Monopolist" am Markt.
Die Firma / das Unternehmen hat feste (vertraglich gebundene) Kundenbindungen.

Die Firma / das Unternehmen bietet ein neues / gefragtes - Produkt / Dienstleistung an, was ohnehin „jeder" haben will.
Die Firma / das Unternehmen verkauft „Verbrauchsgüter", die immer wieder neu benötigt und somit „automatisch" nachbestellt werden.

Aber schon diese Auflistung zeigt, wo auch die Gefahren liegen.

Man spricht immer offener von der „Servicewüste – Deutschland" und das stimmt auch tatsächlich so.

In Japan sagt der Verkäufer danke, in Deutschland muss ich dankbar sein, dass ich überhaupt bedient wurde.

Gehen Sie in ein Kaufhaus – meistens gibt es nur die zwei Extreme, entweder es kümmert sich keiner / keine um sie, weil die Verkäufer / innen mit sich selbst beschäftigt sind (bzw. mit anderen, durchaus wichtigen Dingen), oder aber es stürzt sofort jemand auf sie zu und fragt nach ihren Wünschen, bzw. wie er / sie Ihnen „helfen kann".

Bestimmt haben Sie das auch schon mal erlebt.

Wie haben Sie sich als Kunde gefühlt?

Vielleicht gehen Sie nun woanders einkaufen.

Auch weitere Beispiele dürften bekannt sein:

Sie haben ein (technisches) Problem bzw. eine dringende Nachfrage … und hängen minutenlang in der Warteschleife einer Telefonhotline.
Und wenn Sie dann doch endlich jemanden erreicht haben, ist dieser nicht zuständig oder fachlich nicht kompetent.

Oder
Sie stehen im Supermarkt in einer langen Schlange an der Kasse und haben es eilig.
Nur ein Teil der Kassen ist besetzt.
Eventuell wählen Sie beim nächsten Einkauf einen anderen Supermarkt.

Oder
Sie machen Urlaub und checken im Hotel ein. Das Personal an der Rezeption ist anderweitig beschäftigt, lässt Sie stehen und warten und wenn es sich dann doch um Sie kümmert, geschieht dass auch noch sehr unfreundlich.
Den nächsten Urlaub werden Sie wahrscheinlich woanders verbringen.

Oder
Sie erhalten unerwünschte Anrufe von Firmen/Unternehmen/Dienstleister die Ihnen etwas anbieten (verkaufen) wollen. Davon abgesehen, dass das gesetzlich untersagt ist, sind diese Anrufer fast immer „unvorbereitet", soll heißen sie bieten Ihnen etwas an das Sie nicht wirklich brauchen bzw. wofür Sie überhaupt keine Verwendungsmöglich - keiten haben.

Und das im heutigen Zeitalter der Digitalisierung, wo es doch „offene Geheimnisse" sind und auch fast jeder weiß, ob ich z.B. ein Haustier, eine Immobilie, Kinder ... habe.

Eine weitere große Gefahr besteht auch im sogenannten „schnellen Geld verdienen" wollen.

Oft versprechen Stellenanzeigen „bei uns können Sie mit geringem zeitlichen Aufwand und ohne Vorkenntnisse, in kurzer Zeit viel Geld verdienen".

Ziel ist es hierbei den Kunden irgendetwas aufzuschwatzen, ihn mit fadenscheinigen Argumenten zu einem schnellen Kauf / Abschluss zu bewegen und meistens für minderwertige Qualität viel Geld zu verlangen.

Klar, es geht hierbei um das schnelle Geschäft, um das einmalige Geschäft.
Darunter zählen aber nicht nur viele sogenannte Direktvertriebe, die auf Haustürgeschäfte spezialisiert sind, sondern durchaus auch „angesehene" große Handels- und Dienst - leistungsfirmen.

Überall dort wird der Kunde nicht wirklich ernst genommen.

Warum sind vor allem Versicherungsvertreter/innen "so beliebt"?

Jährlich werden von verschiedenen Meinungs - forschungsinstituten, unabhängig oder auch im Auftrag von Firmen und Einrichtungen, in der deutschen Bevölkerung Umfragen durchgeführt die eine Bewertung der Zufriedenheit, der Beliebtheit, der Zuverlässigkeit, der Wahrnehmung und Anerkennung von verschiedenen Berufen zum Ziel haben.
Alle diese Befragungen unterscheiden sich sicher im Detail, in den Fragestellungen, im ausgewählten Personenkreis und in der Art.
Auch finden sie in unterschiedlichen Gebieten und Regionen von Deutschland statt.
Aber die Ergebnisse sind seit Jahren "stabil", das heißt in der Statistik der unbeliebtesten, am wenigsten attraktivsten Berufe, steht immer wieder der/die Verkäufer/in im Allgemeinen und der/die Versicherungsvertreter/in im Besonderen unan - gefochten an der Spitze.

Warum ist das so?

Können Sie diese Frage beantworten?

Klassische Antworten sind immer wieder.

Dieser Personenkreis will mir etwas aufdrängen und einreden, was ich nicht wirklich brauche und haben möchte.

Im Gespräch mit diesen Personen fühle ich mich unsicher und bedrängt.
Nicht die Beratung steht im Vordergrund sondern jedes Gespräch erscheint "abschlussorientiert" geführt zu werden.
Mitunter auch nicht individuell auf meine Bedürfnisse und Wünsche zugeschnitten und mit einer "einstudierten" Wortwahl.

Wer will schon so "behandelt" werden ...

Umfragen ergeben immer wieder:

„Aufquatschen, abzocken, Klinken putzen: Versicherungsvertreter haben keinen guten Ruf. Für fast jeden zweiten Deutschen ist es sogar der unbeliebteste Job überhaupt. Das ergab eine Umfrage von Toluna – einer Website, die sich auf Online-Studien spezialisiert hat – im Auftrag der Agentur Faktenkontor in Hamburg. Demnach würden 45 Prozent der 1000 Befragten niemals den Beruf eines Versicherungsvertreters ausüben wollen."
(lt. Bild - Zeitung vom Juli 2017)

„Der Versicherungsvertreter gehört laut Umfrage mit Abstand für die meisten Menschen zu den unbeliebtesten Berufen. Knapp 50 Prozent sagen, dass sie diesen Job auf keinen Fall machen möchten und lieber einer anderen Tätigkeit nachgehen würden. Doch warum ist es so, dass Versicherungsvertreter auf der Beliebtheitsskala ganz unten stehen?

Der Grund hierfür ist, dass die meisten mit diesem Beruf die Begriffe „Klinkenputzen" und „Aufquatschen" in Verbindung bringen. Viele denken eher schlecht über Versicherungsvertreter, da sie kein Vertrauen zu ihnen haben. 75 Prozent der Menschen sind der Meinung, dass der Versicherungsvertreter andere „übers Ohr haut". Die meisten Menschen stehen den Vertretern einfach sehr kritisch gegenüber. Ihre Bezahlung baut auf Provisionen, sodass sie sehr darauf bedacht sind, Kunden zu gewinnen und neue Verträge abzuschließen. Dabei können sie nicht nur überzeugend sein, sondern oftmals auch regelrecht aufdringlich, wenn sie die vermeintlichen Vorteile anpreisen und immer wieder betonen, warum sofort unterschrieben werden sollte".
(lt. Männermagazin „Der Neue Mann" vom Febr. 2017)

Der Versicherungsvertreter/in

Definition lt. Wikipedia :

„Versicherungsvertreter ist ein Beruf, der für einen Versicherer ausgeübt wird. Der Oberbegriff ist Versicherungsvermittler, § 59 Abs. I VVG. Versicherungsvertreter betreuen bestehende Kundenbeziehungen und bauen darüber hinaus neue Kundenbeziehungen auf."

Das heißt also:

In den meisten Fällen ist er / sie selbstständig (als Makler/in für verschiedene Versicherungsunter - nehmen oder als Ausschließlichkeitsvertreter / in für nur ein Unternehmen) tätig.
Er / sie verfügt über einen nachweisbaren Abschluss als Versicherungsfachmann / frau oder Versicherungskaufmann / frau, ist also fachlich gut qualifiziert, erhält von den Unternehmen, die er / sie vertritt Abschlussprovisionen und teilweise auch Bestandsprovisionen.
Und unterhält (auf eigene Kosten bzw. mit ent - sprechenden Zuschüssen durch die Unternehmen, die er / sie vertritt) ein eigenes Büro.

Somit verfügt er / sie über die fachlichen und materiellen Voraussetzungen für eine seriöse und gute Tätigkeit.
Die Schlussfolgerung ist also, dass dieser Personenkreis gut ausgebildet, somit durchaus seriös ist und nur bedingt zum schlechten Image (der Branche) beiträgt.

Meist liegt es an der sogenannten „Firmen - philosophie", bei der viele (alle) Versicherungs - unternehmen zwar festschreiben und immer wieder bestätigen, dass der Kunde / Versicherungsnehmer im Mittelpunkt und die Beratung im Vordergrund steht.
Aber die eigentlichen Unternehmensziele verhindern dieses dann doch meistens, da alles auf die Verkaufsziele abgestellt wird.

Also nicht der Bedarf, die Wünsche, die Notwendigkeiten der Kunden stehen im Mittelpunkt, sondern der „Bedarf" (Verkaufsziele, Umsatzzahlen …) des jeweiligen Unternehmens.

In der IDD (Insurance Distribution Directive – Versicherungsvertriebsrichtlinie (am 24.11.15 vom EU-Parlament verabschiedet) ist festgeschrieben:

„Die Vergütungspolitik von Versicherungsbetreibern und Angestellten darf nicht im Widerspruch zum Kundeninteresse stehen."

Und
„Eine auf Verkaufsziele gestützte Vergütung sollte keinen Anreiz dafür bieten, dem Kunden ein bestimmtes Produkt zu empfehlen."

Hier sind die Unternehmen gefordert und sollten umdenken.

Unternehmensziele

Definition lt. Wikipedia :

„Unter Unternehmenszielen versteht man in der Betriebswirtschaftslehre die der unternehmerischen Betätigung zugrunde liegenden Zielsetzungen. Sie sind Ausdruck des Selbstverständnisses und des Anspruchs eines Unternehmens. Bei einem Unternehmensziel handelt es sich um einen zukünftigen, gegenüber dem gegenwärtigen im

Allgemeinen veränderten, erstrebenswerten bzw. angestrebten Zustand, der sich von einem Ziel – im weiteren Sinn – darin unterscheidet, dass er das Ergebnis von wirtschaftlichen Entscheidungen ist.
Um ihre Aktivitäten auf die Unternehmensziele ausrichten zu können, benötigen die Unternehmen eine festgelegte innere Ordnung. Vor dem Hintergrund eines in Privateigentum befindlichen, nach dem erwerbswirtschaftlichen Prinzip zum Zweck der Gewinnerzielung tätigen Unternehmens ist Gewinn- oder Rentabilitätsstreben nach der neueren Theorie der Unternehmung zwar nicht als die einzige, aber als die bedeutendste Zielsetzung anzusehen. Allgemein kann man sagen, dass mit zunehmender Größe einer Unternehmung und damit einhergehend wachsender Anzahl von Akteuren und Interessengruppen, die Quantität und Qualität der Ziele der Organisation zunehmen. Eine Zielsetzung gehört zu den betrieblichen Grundentscheidungen eines Unternehmens und wird in der Regel von der Unternehmensleitung festgelegt."

Aus diesen allgemeinen Unternehmenszielen leiten sich die konkreten, auf das einzelne Unternehmen bezogenen Ziele ab. Grundanliegen ist aber immer – „die Gewinnerzielung".

Davon abgeleitet ergeben sich dann die Firmenphilosophien.

Philosophie allgemein

Definition lt. Wikipedia :

„Wortwörtlich übersetzt bedeutet Philosophie „die Liebe zur Weisheit". Ein im Menschen schlummerndes, mal mehr und mal weniger erwachtes Potenzial, kreative Lösungen für schwierige Probleme zu finden.
Dabei muss es nicht um existenzialistische und letztendliche Themen gehen, sondern kann auch ganz bodenständig um die Frage gehen, welches Bild eine Firma gegenüber ihren Kunden und ihren Mitarbeitern gegenüber abgeben möchte."

Firmenphilosophie

Definition lt. Wikipedia :

„Die Firmenphilosophie beschreibt die Identität eines Unternehmens und bringt idealerweise seine Vision zum Ausdruck. Weniger abstrakt gesagt, gibt sie Antworten auf Fragen wie: Was macht eine Firma aus? Was ist dem Unternehmen wichtig? Wofür steht das Unternehmen? Wie unterscheidet es sich von anderen? Die klare, eindeutige Formulierung der Firmenphilosophie ist ausschlaggebend für ihre Wirkung, sowohl bei den Mitarbeitern als auch bei den Kunden.
Die Entwicklung einer Firmenphilosophie ist langwierig und gestaltet sich mitunter schwierig.

Wenn eine Firma mehrere Inhaber hat, müssen sich alle auf die gleichen Grundsätze einigen. Sonst werden sie nicht am gleichen Strang ziehen und Verwirrung bei Mitarbeitern und letztlich bei den Kunden stiften.

Ein weiteres Beispiel: Kundezufriedenheit – das betonen alle Unternehmen – genießt stets die höchste Priorität. Wie aber stellen Mitarbeiter und Inhaber sicher, dass ihre Kunden mit den Leistungen, Produkten und den Preisen zufrieden sind? Diese Frage muss jedes Unternehmen individuell beantworten.

Die Entwicklung der Firmenphilosophie zieht sich unter Umständen über mehrere Jahre. Gespräche und Diskussionen mit Gesellschaftern und Mitarbeitern sind notwendig, bis ein überzeugendes Resultat herauskommt. Eine tragfähige Firmenphilosophie entsteht nicht über Nacht. Es empfiehlt sich, Gedanken und Ergebnisse niederzuschreiben."

Daraus ergibt sich, dass es jede Firma, jedes Unternehmen selbst in der Hand hat seine Firmenphilosophie so zu gestalten, dass es anerkannt und geachtet im Markt ist.

Und nicht nur die Kunden sollten in diesen „Entwicklungsprozess" einbezogen werden, sondern auch und vor allem die Mitarbeiter / innen, den diese sind es die meistens den direkten Kontakt zu den Kunden haben, seine Wünsche kennen und

somit am Besten und Schnellsten auf Ver - änderungen reagieren können.
Viel Geld wird für Umfragen (Kundenmeinungen) ausgegeben, aber die eigenen Mitarbeiter / innen werden fast nie befragt.
Viele Mitarbeiter / innen aber haben durchaus gute Ideen und Vorschläge, die oftmals nicht abgefragt, nicht gewünscht oder gewollt sind und die somit „brach liegen".

Man kann auch von ungenutzten Reserven sprechen.

Und wenn man die Mitarbeiter / innen in solche Prozesse mit einbezieht, erhöht sich auch deren Loyalität und Verbundenheit zum Unternehmen.
Hierin könnte ein „Schlüssel" für mehr Unternehmens - Erfolg stecken, der einfach nur „umgedreht" werden müsste.

Was wünschen wir uns als Käufer / Konsumenten / Verbraucher, also als Kunden?

Wir möchten fachlich kompetent beraten werden.
Auch Empfehlungen möchten wir eventuell erhalten.
Wir möchten fair behandelt werden.
Wir möchten ein qualitativ gutes Produkt erwerben.
Das „Preis – Leistungsverhältnis" muss stimmen.
Das Design sollte uns ansprechen.
Und natürlich legen wir auch großen Wert auf den anschließenden / regelmäßigen / notwendigen … Service.

All das sollte nicht nur „theoretisch" in den Firmenphilosophien aufgelistet und nieder - geschrieben sein, sondern auch umgesetzt und gelebt werden.
Damit kann „ich mich als Firma / Unternehmen" von meinen Mittwettbewerbern im Markt absetzen und unterscheiden, ein positives Image aufbauen und somit auch erfolgreich sein.

Kundenmanagement

Definition lt. Wikipedia :

„Kundenmanagement bezeichnet in der Betriebs - wirtschaft ein Instrument für eine Organisation, ihre Kundenorientierung zu verbessern. Ziele sind die kundenorientierte Ausrichtung des Unternehmens, die Stabilisierung gefährdeter Kundenbeziehungen und die Erhöhung der Kundenbindung."

Dazu gehört auch eine kundenorientierte Strategie, die wiederum im engen Zusammenhang mit der Firmenphilosophie zu sehen ist.

Wege zum erfolgreichen Kundenmanagement sind:

Kundenbeziehungsmanagement
(Kundenzufriedenheitsmanagement)

Was ist unser Ziel als Verkäufer/in / Kundenberater /in?

Wir wollen „den Kunden" motivieren (das heißt im ursprünglichen Sinn des Wortes – bewegen) etwas zu kaufen, zu erwerben, abzuschließen ... also mit uns ein „Geschäft" zu machen, somit zum positiven Umsatz unseres Unternehmens beizutragen und letztendlich uns zu einem entsprechenden Einkommen zu verhelfen.

Wer andere motivieren will, muss allerdings einige Grundgesetze der Motivation kennen, beachten und anwenden.

Der Schlüssel zum Kunden liegt nicht in „cleveren" Aussagen des Verkäufers bzw. Kundenberaters.
Der Schlüssel zum Kunden liegt im Eingehen auf seine Interessen, Wünsche, Bedürfnisse (Träume!?) und Vorstellungen ... und diese muss ich kennen!!!

Deshalb ist es wichtig:

Mich direkt auf meinen Kunden im Gespräch zu konzentrieren, ihm / ihr das Gefühl zu geben, dass ich ausschließlich für ihn / sie da bin und mit meinem Wissen, meiner Fachkompetenz unmittelbar zur Verfügung stehe.

Gut und aktiv zuzuhören, also das „Gehörte" auch mit Mimik und Gestik und / oder auch mit Worten zu bestätigen.

Daten, Fakten und Informationen aufzunehmen, zu durchdenken und für mich zu nutzen.

Natürlich sind niemals alle Kunden gleich, das heißt sie können nicht alle auf die gleiche Art und Weise motiviert werden.
Deshalb ist es wichtig individuell auf jeden einzelnen Kunden / in einzugehen.
Je besser mir das gelingt, desto erfolgreicher wird mein Verhandlungsstil werden!!!!!!

Die meisten Menschen erleiden regelmäßig Gefühle der Unsicherheit, der Nervosität, der Angst...
(Selbstwertgefühl !) und reagieren deshalb enorm positiv auf jedes Signal der Wertschätzung.
Somit sollten Sie als Verkäufer / in (Kundenberater / in) jede Möglichkeit nutzten das Selbstwertgefühl beim Kunden zu erhalten, bzw. es herzustellen und zu steigern.

Nutzen Sie die Chance des indirekten Lobes.

z.B. Den Kunden öfter mit seinem Namen ansprechen, das setzt allerdings auch voraus, dass sie den Namen kennen bzw. richtig verstanden haben (besonders am Telefon), denn schlimm wäre, wenn wir den Kunden mit falschem (oder falsch betontem) Namen ansprechen würden.
Besser ist es (wenn erforderlich) nochmal nachzufragen.

Fragetechnik statt „Sagetechnik" (Wie sehen Sie das? - Was meinen Sie dazu?) und diese so gewonnenen Informationen dann auch registrieren (gegebenenfalls auch notieren ...) und für den weiteren Verkaufsprozess nutzen.

Kundenkontaktmanagement

Seine Kunden richtig zu pflegen wird in Zeiten wachsender Konkurrenz und immer ähnlicher werdender / vergleichbarer Produkte immer wichtiger!
Möglichkeiten zur Kundenpflege gibt es viele, aber sie müssen individuell auf den Kunden abgestimmt sein!

Was können Sie tun?

Nutzen Sie alle Möglichkeiten des Kontakts zu Ihren Kunden.
- persönliche Besuche (wenn möglich, wenn gewünscht ...)
- telefonischer Kontakt (wenn ein geeigneter Anlass vorliegt, z.B. Nachfassen nach Angeboten, Produktänderungen, Sonder - angebote .....)
- Einladung in die Firma (z.B. zur Besich - tigung)
- Kontakte auf Messen / Ausstellungen / Schulungen...

Senden Sie guten Kunden Ihre Firmenzeitung / Newsletter ..... (wenn vorhanden)

Prüfen Sie alles, was im Unternehmen an Produkten, Werbepräsenten, vor allem aber was an Dienstleistungen, angeboten wird, immer unter dem Aspekt:
Kann das auch meinen Kunden nutzen?

Jede Produktänderung, Produktverbesserung ... bietet Gelegenheit zum Kundenkontakt, nach dem Motto:
„Das haben wir auf Ihre Anregung hin geändert, bzw. deshalb geändert, damit Sie es leichter haben...!"

Bringen Sie persönliche Dinge des Kunden in Erfahrung (z.B. Hobbys...).
Und sprechen Sie diese Themen immer wieder einmal in passenden Momenten an.

Bei Jubiläen, Ehrungen oder anderen besonderen Anlässen von Kunden sollten Sie persönlich, schriftlich oder telefonisch gratulieren.

Eventuell besteht auch die Möglichkeit einen Fragebogen an Ihre Kunden zu geben, wo sie „Ihre" Qualitäten, Schwächen... (bzw. die der Produkte) beurteilen sollen, natürlich um entsprechende Verbesserungen zu erreichen.

Fazit:

Hinter all diesen Maßnahmen steckt natürlich vor allem ein psychologisches Ziel, nämlich dem Kunden zu zeigen, dass Sie ihn nicht vergessen haben, dass Ihnen an seiner Zufriedenheit sehr gelegen ist, obwohl der eigentliche Verkauf schon abgeschlossen ist.
Denn schließlich wollen wir Kunden die auch wieder bei uns kaufen, bzw. die uns an andere potentielle Kunden weiterempfehlen.

Beschwerdemanagement

Reklamationen und Beschwerden sind sicher oft nicht einfach zu bewältigen.
Geht es doch anfangs immer darum, dass ein Kunde unzufrieden ist.

aber: „Reklamationen sind Gold wert."

Reklamieren Kunden, so empfindet das der /die Verkäufer / in / Kundenberater / in schnell als persönlichen Affront.

Warum eigentlich ?

Schließlich gebührt dem Kunden Dank für seinen Hinweis!

Wem es gelingt, zu Reklamationen zu animieren und diese entsprechend auszuwerten, der schafft sich viele begeisterte Kunden!!!

Tausende von Kunden wechseln immer wieder ihre Lieferanten, Dienstleister ..., aber die wenigsten, weil sie mit dem Produkt unzufrieden sind, sondern wegen der Unfreundlichkeit des Verkäufers, der dürftigen und meist einseitigen Beratung, der verspäteten, unvollständigen oder abweichenden Lieferung, der unverständlichen oder unkorrekten Rechnungen, der schlechten oder gänzlich fehlenden Beziehungspflege, miesen Manieren am Telefon und langem Warten auf den viel zu teuren Service.

Die meisten Unternehmen wissen gar nicht, weshalb sie Kunden verlieren.
Dabei ist nichts bedrohlicher als Kunden, die sich still und ohne jeden Kommentar verabschieden, denn das sind dann leider auch diejenigen, die mindestens zehn Bekannten, Verwanden, Kollegen oder Geschäftspartnern ungefragt weitererzählen, wie unzufrieden sie gewesen sind.

Vielfach wird vergessen, dass ein reklamierender Kunde die Hoffnung nicht aufgegeben hat, dass sich „sein" Lieferant, Dienstleister ... doch noch bessert.
Die Reklamation des Kunden ist also ein Angebot an den Lieferanten, Dienstleister ..., in Zukunft besser zu werden - und der Kunde sagt auch noch wo und wie.

Dafür hat er eigentlich ein Beraterhonorar verdient!!!

Denken Sie daran:

Der Kunde ist nicht abhängig von uns.
Aber wir von ihm.

Sobald der Kunde reklamiert, entsteht für ihn eine intensive emotionale Verbindung zum Lieferanten, Dienstleister ... (Verkäufer/in- Kundenberater/in) ...
...meist setzt jetzt allerdings durch den Lieferanten, Dienstleister ... (Verkäufer/in – Kundenberater/in) die Rechtfertigung ein, weil man glaubt direkt und persönlich angegriffen zu werden (was nur in den wenigsten Fällen so ist).

Dieser Kunde ist von diesem Moment an für immer und ewig verloren.

Besonders Männern fällt es, im Gegensatz zu Frauen, oft ausgesprochen schwer, dem Kunden einfach ohne Wiederspruch zunächst mal mit Einsicht und innerer Überzeugung zu sagen:

„Ich kann gut verstehen, dass Sie unzufrieden sind."

Verkäufer / in haben den „Sieger – Drang" in sich, Sieger sein heißt Recht haben.
Widerspruch reizt wieder – Widerspruch.

Der Kunde reklamiert … damit kann / darf er nicht Recht haben, sonst hätte ja der / die Verkäufer / in unrecht, oder?

Animieren zum Reklamieren

Manche Kunden halten es für unfein, zu reklamieren – der „vornehme Kaufmann" reklamiert und feilscht nicht.

Andere sind einfach zu schüchtern oder haben keine Hoffnung, dass irgendwas besser wird.

Sie alle schweigen lieber und suchen sich einen neuen Lieferanten / Dienstleister …

Das Motto muss also heißen:

Kunden zum Reklamieren animieren!

Reklamieren muss, in den Augen der Kunden, frei sein vom Makel des Nörgelns,
jede Reklamation sollte willkommen sein als Tipp, um künftig (noch) besser zu werden.

Dies ist vor allem eine Kommunikationsaufgabe für den / die Verkäufer / in / Kundenbetreuer / in.

Die Grundregel lautet:

Der Kunde hat immer recht!

Er muss zuallererst immer ein – DANKE – für seinen „wertvollen Hinweis" bekommen.
Lässt sich der Reklamationsgrund nicht sofort beheben, so sollte zu mindestens das Versprechen mit auf den Weg gegeben werden, dass die Sache in absolut kurzer Frist (zeitnah) bearbeitet und erledigt wird.

Zuständigkeiten

Erster Schritt sollte die Entscheidung sein, wer Reklamationen am besten entgegennimmt.

„Kollege macht das..." ist die absolut schlechteste Art und Weise im Reklamationsmanagement.

Der Verkäufer / in verweist an die Verkaufsleitung, die an den Kundendienst, der an die Konstruktion ... und der Frust und die Unzufriedenheit des Kunden wächst.

So also nicht.

Wer immer vom Kunden mit einer Reklamation angesprochen wird, muss auch „zuständig" sein!!!

Reklamieren möglichst einfach machen

Auf unterschiedlichste Art kann (und soll) dem Kunden im Fall auch nur geringster Unzufriedenheit der Kontakt möglichst leicht gemacht werden.

z.B.
- Zufriedenheitsfragebögen
- Hotlines

Jede Reklamation ist zuerst einmal mit „Danke" zu quittieren.

Der Kunde ist unzufrieden, enttäuscht, oft gar empört.
Hier gilt es zu akzeptieren und zu beruhigen.
Vieles lässt sich sofort erledigen (Kulanz!!!).

Dauert es doch mal länger, ist es wichtig dass der Kunde zuverlässigen Zwischenbescheid bekommt.
Und, Vereinbarungen mit Kunden sind unbedingt zu 100 % einzuhalten.

Die uralte Faustformel ist hinreichend bekannt:

Ein neuer Kunde kostet sechsmal so viel wie die Beziehungspflege zum treuen Stammkunden.

Beklagenswert ist aber oft auch der Umgang mit „Stammkunden".

Viele Firmen glauben diese sicher zu haben, da braucht es keinen zusätzlichen Aufwand. Warum also dort investieren. Warum dort gute Kunden - betreuung und Kundenpflege.

Zahlen Sie bei ihrer Bank noch Kontoführungs - gebühren?
Würden Sie dort ein neues Konto eröffnen brauchten Sie wahrscheinlich keine zu zahlen!

Vielleicht zahlen Sie auch zu viel bei ihrem Strom -, Telefon- und Internetanbieter?

Um Neukunden wird immer mit Einstiegs- und Sondertarifen geworben!!!

Überall geht es um Marktanteile.

Was nützt es aber, wenn „ich als Firma / Unternehmen" neue Kunden (also Marktanteile) hinzugewinne, aber aus meinem Bestand auch wieder welche verliere.
Unzufriedene Kunden „verschwinden" einfach und sind dann unwiederbringlich verloren.

Und noch ein Aspekt sollte betrachtet werden.

In vielen Firmen ist es üblich sich schwerpunkt - mäßig mit sogenannten eigenen Belangen zu beschäftigen und diese in den Mittelpunkt zu

stellen, sowohl betriebsspezifische, als auch rein persönliche.
Dazu zählen die Themen Arbeitszeiten, Löhne und Gehälter ...

„Wer darf wann, wie, warum Urlaub machen?"
„Wie ist mein Arbeitsplatz ausgestattet?"
„Was hätte ich noch alles gerne?"
„Warum muss gerade ich das machen und kein anderer?"
„Wie kann ich für mich noch mehr erreichen und herausholen?"

... und dabei werden jene vergessen, denen sie ihre wirtschaftliche Existenz verdanken (und letztendlich unsere Löhne und Gehälter bezahlen) <u>die Kunden.</u>

Und noch etwas scheinen die Hersteller, Lieferanten, Dienstleister und Fachhandelsfirmen zu vergessen, und zwar, dass sich der Markt entscheidend verändert hat.

Sprach man noch vor ca. 25 Jahren von einem sogenannten „Verkäufermarkt", das heißt die Nachfrage überstieg das Angebot und die Waren wurden bildlich gesprochen „verteilt", so haben wir heutzutage von (fast) allem ein Überangebot, so dass wir von einem reinen „Käufermarkt" sprechen.

Mit anderen Worten der Kunde kauft oder eben auch nicht.

Auch entscheidet er wo er kauft und zu welchem Preis.

Und „der Kunde" wird immer kritischer, informierter, verweigert sich auch teilweise und trägt sein Geld mitunter auch lieber zur Bank, als es auszugeben.

Gewiss, der Dienst am Kunden ist aufwendig und teilweise auch unbequem.
Er erfordert Aufwand, Mühe und kostet auch noch Geld.
Doch wer glaubt, auf diesen Aufwand, diese Mühe und diese Kosten verzichten zu können, wird sich am Ende keinen Aufwand und keine Mühe mehr leisten können.

Nochmal zu den Wünschen / Vorstellungen der Kunden:

Was wünschen Sie sich als Kunde?

Welche Vorstellungen haben Sie als Kunde von einem Verkauf / Verkaufsgespräch?

Wie möchten Sie als Kunde behandelt werden?

Wann sind Sie als Kunde zufrieden?

Alles Fragen die wichtig und interessant sind.
Sicher müssen all diese und sicher auch weitere Fragen sehr individuell beantwortet werden.
Jeder Mensch hat andere, subjektive Erwartungen, Ansprüche, Vorstellungen und Empfindungen.

Aber eines ist doch wohl bei allen Kunden gleich, sie wollen / müssen ihre entsprechenden Bedürfnisse / Notwendigkeiten befriedigen und wollen sich möglichst irgendwie als „Gewinner" des „Kauf- / Verkaufsgefechtes" fühlen.

Es ist festzustellen, dass die Kunden anspruchs - voller und somit das Verkaufen komplexer geworden ist.

Die Kunden sind heutzutage immer besser informiert (z.B. Internet), kennen die technischen Parameter und die aktuellen Preise und sind teilweise auch schon recht gut geschult für Preisverhandlungen.

Es werden perfekte Produkte und Dienstleistungen erwartet und das sogenannte gute „Preis – Leistungsverhältnis" ist für viele zum Maßstab der Bewertung geworden.

Nichts ist für einen Kunden frustrierender als ein stressgeplagter, überlasteter, kurz angebundener, verärgerter und fachlich nicht kompetenter Verkäufer / in bzw. Kundenberater / in.

Die Produkte / Dienstleistungen werden immer ähnlicher und vergleichbarer.
Gleiches trifft auch auf die Preise zu.

Und wir Kunden wissen das auch.

Was ist es also, das ich gerade dort und nicht da kaufe?

Für Kunden ist es nicht nur wichtig, für welche Produkte sie sich entscheiden, sondern auch, wie ihnen die Produkte verkauft werden.

Also Stichwort „Erlebniseinkauf".

Überlegen Sie doch mal, warum Sie bestimmte Produkte / Dienstleistungen immer wieder an der gleichen Stelle einkaufen.
Oder warum Sie nicht in irgendein Restaurant, sondern in ein bestimmtes zum Essen gehen.

Ja, man ist einfach zufrieden, fühlt sich gut beraten und bedient, die Atmosphäre stimmt und man hat Vertrauen zu der Person die einem da etwas verkauft.

Das heißt, wir sollten auf die individuellen Bedürfnisse der Kunden eingehen.

Wie / woher aber sollten wir diese wissen und kennen?

Wir erfahren sie indem wir Fragen stellen.

Bevor wir ein Produkt / Dienstleistung an einen Kunden verkaufen können, müssen wir zuerst wissen, was er überhaupt benötigt, sich wünscht, wovon er eventuell träumt usw.

Also machen wir eine **Bedarfsanalyse** !!!

Der Kunde soll uns seine Bedürfnisse / Wünsche / Träume enthüllen.

Wie gelingt uns das?

Indem wir dem Kunden aktiv zuhören, auf Mimik und Gestik achten, um Signale zu verstehen und somit zielgerichtet Fragen stellen zu können.

Mit unseren Fragen wollen wir uns Klarheit über die Bedürfnisse / Wünsche / Träume des Kunden verschaffen.

Wir wollen das Gespräch, entsprechend unseren Zielen, selbst „steuern".
Wir wollen dem Kunden helfen (ihn dahin führen) sich selbst zu überzeugen.
Wir wollen Verkaufssignale auslösen.
Wir wollen Akzeptanz, des von uns Gesagten erreichen.
Wir wollen kontrollieren, ob der Kunde alles richtig verstanden hat.

Die verschiedenen Fragearten sollen Ihnen helfen das Gespräch zu steuern und zu einem positiven Abschluss zu führen.

Wir unterscheiden:

g e s c h l o s s e n e   F r a g e n

Also Fragen die man nicht mit „ JA " oder „ NEI N " beantworten kann, sondern wo man sich nur zwischen zwei Alternativen entscheiden kann.

z.B.: Darf ich am Montag oder am Dienstag zu Ihnen kommen?
Ist Ihnen als Zeit 9.00 Uhr oder 13.00 Uhr lieber?
Möchten Sie die Lieferung schon morgen oder erst nächste Woche?

und

o f f e n e   F r a g e n

Also die sogenannten „ W " - Fragen.

z.B.: Warum ist das so…?
Wie ließe sich da etwas ändern…?
Wann könnte man…?

Das Ziel ist die Gesprächssteuerung mittels konkreter und korrekter Fragetechnik.

Neben den Fragearten unterscheiden wir auch noch verschiedene Typen von Fragen.

Situationsfragen

Zweck und Ziel ist hierbei, Kenntnisse zur aktuellen Situation des Kunden zu erhalten.
Nur eine Person kann Ihnen diese Informationen geben - der Kunde selbst.

Beispiele:
Wie sind Ihre momentanen Möglichkeiten?
Welche Erfahrungen haben Sie mit...?
Wie beurteilen Sie...?

Problemfragen

Zweck und Ziel ist hierbei, Probleme, Schwierigkeiten, Unzufriedenheiten oder mögliche Verbesserungen im Vergleich zur momentanen Situation aufzudecken.

Beispiele:
Wie sind Sie zufrieden mit...?
Worin liegen die Nachteile von...?
Was tun Sie bei besonderen Wünschen...?

Effektfragen

Zweck und Ziel ist hierbei, dem Kunden damit klar zu machen, was sein Problem ... eigentlich für ihn bedeutet.

Beispiele:
Was könnte sich aus den Nachteilen für Sie ergeben...?
Welche weiteren Probleme könnten sich aus den jetzigen ergeben...?
Welchen Einfluss hat das auf Ihre Arbeit...?

Nutzwertfragen

Zweck und Ziel ist hierbei, den Wunsch eine Lösung zu finden bei dem Kunden zu entwickeln.

Beispiele:
Was würde es für Sie bedeuten, wenn...?
Welche Vorteile würden sich für Sie ergeben, wenn...?
Wie wichtig wäre es für Sie, wenn...?

Abschlussfragen

Zweck und Ziel ist hierbei, dass der Kunde Stellung zu Ihrem Angebot nimmt.

Beispiele:
Habe ich richtig verstanden, dass das eine Lösung für Sie ist...?
Mit anderen Worten, Sie meinen, dass mein Produkt, das richtige für Sie ist...?
Wir sind uns also einig, dass einer Zusammenarbeit somit nichts mehr im Wege steht...?

Fragen sind g a n z wichtig für die Gesprächsführung, denn nur so können wir erfahren, wie, die Situation, die Probleme, die Effekte die sich aus den Problemen ergeben, die Wertigkeit des Nutzens und letztendlich die Akzeptanz unserer Produkte beim Kunden ist.

Nur wenn man weiß, was der Kunde will, hat man auch Verkaufserfolge!!!
Aber, denken Sie immer daran mit jedem Kunden/in individuell umzugehen, bitte keine einstudierten (vorformulierten), sich wiederholende Fragen.
Finden Sie zu Ihrem eigene, speziellen Image.

Bedeutung der Komponenten im Verkaufsgespräch.

Es gibt viele, unterschiedliche Statistiken zu den verschiedenen Komponenten, aber die grund - sätzliche Aussage ist überall ähnlich.

Die Wertigkeit des Preises beim Verkauf wird mit ca. 15 %, die der Qualität mit ca. 20 %, die der Kompatibilität / Erweiterbarkeit ... mit ca. 10 %, die Wichtigkeit des Service mit ca. 15 % und die Person des Verkäufers / in wird mit mindestens
40 % angegeben.

Die Stellung des Preises darf natürlich nicht unterschätzt werden, Rabatte und Bonus spielen schon eine wichtige Rolle, aber die Preise für vergleichbare Produkte / Dienstleistungen sind nahezu gleich.

Deshalb, kommt der Person des Verkäufers / in große Bedeutung zu!!!

Somit ergibt sich folgende Tendenz,

„ Weg vom Produkt – Prestige,
hin zum Beziehungs – Prestige. „

Der Kunde von heute erwartet aber auch, dass ihm die Verkäufer / innen als „Problemlöser" zur Seite stehen.

Wenn das gelingt, hat der Kunde / in immer wieder das gleiche Ziel, er will zu „<u>seinem</u> Verkäufer / in"!

Der Grundsatz lautet also:

„Behandele andere so, wie du selbst behandelt werden möchtest".

Aber, ahmen wir niemanden nach!
Finden wir zu uns selbst und stehen wir zu uns selbst!

Der / Die Verkäufer/in

Wir erinnern uns „Das ganze Leben besteht doch irgendwie aus Kaufen und Verkaufen."

„Am Anfang war der / die Verkäufer / in"

So könnte man die Betrachtung beginnen ... seit dem sind viele Jahre, Jahrzehnte und eigentlich auch Jahrhunderte vergangen ... inzwischen geht es aber auch (und vor allem) um eine allumfassende Beratung und Betreuung ... deshalb sprechen wir heute allgemein vom Kundenberater / in.

Es gibt natürlich verschiedene „Typen" von Verkäufern / innen, die noch dazu in den ver - schiedensten Branchen tätig sind und somit ganz unterschiedliche Produkte, Dienstleistungen ... beraten und verkaufen.
Da sich die Welt des Verkaufs / Vertriebs gewandelt hat, die Produkte / Dienstleistungen immer vergleichbarer werden und die Kunden immer anspruchsvoller und kritischer, ist die Verkaufs - beratung im klassischen Sinne immer weniger erfolgsversprechender.

Wir müssen uns also „auf die neue Zeit" einstellen.

Es ist ein neuer „Verkäufertyp" gefragt!

Den Typus eines Verkäufers, den wir alle kennen, der seinen Beruf liebt, der selbstbewusst auftritt, Kommunikationsstark und flexibel ist und der gegen Frust eine hohe Toleranzschwelle aufweist, den gibt es immer noch und wird es wohl auch noch weiterhin geben. Dennoch zeigt sich auch ein neuer Trend im Bereich des Verkaufens, neue Anforderungen erweitern das klassische Bild des Verkäufers.

Hat ein Verkäufer in der Vergangenheit hauptsächlich Produkte vorgestellt, erklärt und Angebote unterbreitet, wird er nun immer mehr zum Berater und „Entscheidungshelfer" für den Kunden. Dazu muss der Verkäufer über ein umfangreiches Fach- bzw. Branchenwissen verfügen, denn die Kunden von heute sind in der Lage, sich selbst zu informieren. Damit verbunden hat sich auch der Anspruch der Kunden an den Verkäufer geändert. War das Verkaufen schon immer anspruchsvoll, so wird es in den nächsten Jahren noch anspruchsvoller. Der Verkäufer muss sein Wissen permanent aktualisieren, um mit dem Kunden auf Augenhöhe kommunizieren zu können. Die allumfassende Aus- und Weiterbildung wird in Zukunft noch wichtiger und bedeutsamer.

Wir sprechen also vom Verkäufer / in (Kundenberater / in) der Zukunft.

Der Verkäufer der Zukunft muss ein „Wegweiser" in der Informationsflut, die auf die Kunden einstürmt sein. Zum entscheidenden Erfolgsfaktor wird der Faktor Wissen.

Das Anforderungsprofil für den Verkäufer / in (Kundenberater / in) ändert sich.

Nun ist er / sie gefordert, im persönlichen Dialog einen echten Mehrwert zu ergründen und zu bieten.

Der Kunde braucht einen Verkäufer, eine Person, der er vertrauen kann und die ihm konkrete Entscheidungshilfen gibt. Dabei rückt der emotionale Moment bei der Kaufentscheidung noch mehr als bisher in den Vordergrund.

Der neue Verkäufertyp von heute und morgen muss für den Kunden ein „Entscheidungshelfer", Problemlöser und (ganz wichtig) auch eine Person sein, der er Vertrauen kann.
Der Verkäufer ist nicht mehr nur der Vermittler eines Produktes, eines Leistungsangebotes oder einer Dienstleistung, er wird mit seinem gesamten Verhalten selbst zum Teil dieser Leistung.

 Er / sie punktet durch eine individuelle, gemeinsame Ideenentwicklung und passgenaue Beratung.

Die Schlussfolgerung daraus ist:

In Zukunft werden deutlich höhere Anforderungen an die soziale und kommunikative Kompetenz der Verkäufer / in gestellt.

Kommunikation

Keiner kann sagen, wie wir richtig kommunizieren sollen.

Die Entwicklung der kommunikativen Kompetenz ist eine sehr individuelle Angelegenheit, bei der jegliche Standartschulung danebengeht. Bisher stand im Vordergrund das Einüben von festgelegten Formulierungen und Verhaltens - schemata. Dieses führte immer nur zum Austausch von „Sprechblasen".

Heute werden dialogfähige und authentisch kommunizierende Mitarbeiter gebraucht.

Soll heißen: *Sag, was Du denkst!*

Es gelten folgende Kernpunkte:
Die Haltung eines Lernenden, nicht die eines Wissenden einnehmen.
Die Welt respektvoll aus der Sicht des Anderen sehen.
Nicht unterstellen, der Andere wolle hinterher der Sieger sein.
Von sich und nicht von „man" sprechen.
Vorbehaltlos zuhören.
Durch Nachfragen einen Dialog verlangsamen und so mehr Zeit zum Nachdenken gewinnen.
Die eigenen Annahmen nicht als endgültig betrachten.
Meinungen durch konkrete Beobachtungen belegen.
Zweifel an der Richtigkeit der eigenen Meinung mit Partnern diskutieren.
Neugierde angewöhnen.
Das eigene Denken selbstkritisch beobachten und reflektieren.

Schlussfolgerung:

Mit Kommunikation kann ich zwischenmenschliche Beziehungen erfolgreich gestalten.

Was ist Kommunikation?
Was verstehen wir unter Kommunikation?
Wie definieren wir den Begriff Kommunikation?

Nicht ganz einfach, die Beantwortung dieser Fragen, oder?

Es gibt vielfältige Definitionen oder definitorische Sätze für das Wort „Kommunikation".

Beispiele: Lebewesen stehen untereinander in Beziehungen.
Sie können sich verständigen und somit Verbindungen schaffen.
Sie können miteinander Umgehen (oder eben auch nicht) und sie sind imstande, innere Vorgänge oder Zustände auszudrücken und anderen Sachverhalte mitzuteilen oder zu einem bestimmten Verhalten aufzu - fordern.

Das Wort / der Begriff „Kommunikation" ist vom lateinischen communis = gemeinsam abgeleitet.

Das heißt, Kommunikation schafft Gemeinsam - keiten zwischen denen, die Botschaften austauschen und die sich etwas mitzuteilen haben.

Die Kommunikation wird entscheidend davon bestimmt, was und wie wir kommunizieren.

Um erfolgreich kommunizieren zu können, müssen entsprechende Voraussetzungen gegeben sein:

Die Beherrschung der jeweiligen Sprache.
Gegenseitige Kommunikationsbereitschaft und Aufrichtigkeit.
Und die Kommunikationspartner müssen ent - sprechend motiviert sein.
Soll heißen es muss einen „Grund" geben warum sie miteinander kommunizieren sollen.

Ausgangspunkt für die Kommunikation ist … dass wir uns ein Bild von uns selbst machen.

Dieses „Selbst – Bild" erhalten wir, in dem wir uns mit anderen vergleichen.
Bewusst oder auch unbewusst stellen wir ständig fest, ob der andere – größer – stärker – gebildeter – kleiner …, oder gleich ist.

Ausgehend von diesem Selbst – Bild handeln / kommunizieren wir.

Wenn wir meinen, dass unser Gesprächspartner uns haushoch überlegen ist, dann werden wir uns anders verhalten, als wenn wir unseren Gegenüber als ebenbürtigen Partner einschätzen.
Wesentlich daran ist, dass wir unsere Einschätzung als Grundlage für unser Handeln sehen – nicht die Realität.

Denn für uns gilt unsere eigene Einschätzung einer Situation als unsere Realität!!!

Dieses „Selbst – Bild" muss mit der Wirklichkeit nicht übereinstimmen!!!

Allerdings, wenn die Diskrepanz zwischen Selbst – Bild und Wirklichkeit zu groß ist, leidet darunter die Kommunikation und wenn die Kommunikation darunter leidet, leidet darunter auch das Selbst - wertgefühl!!!
Aber Optimal Kommunizieren heißt das Selbstwert - gefühl des / der anderen zu achten.

Betrachten Sie sich mal selbst

Was sind Sie „Wert"?

Diese Frage ist sicherlich schwer zu beantworten, oder?

Warum ist sie schwer (oder vielleicht auch gar nicht) zu beantworten?

Weil wir unseren Wert nicht so ohne weiteres angeben können.
Denn unser Wert besteht aus mehreren einzelnen Werten, die sich auf verschiedene Bereiche erstrecken.

Aber jeder Mensch möchte doch wertvoll sein, stimmt´s?

Abhängig ist das immer von Ihren individuellen Zielen, die Sie sich selbst stellen müssen, vielleicht wollen Sie ein besonders guter Spezialist sein, ein anerkannter Vorgesetzter, ein beliebter und geachteter Kundenberater / in, eine perfekte Haus - frau oder / und…

Was immer Ihre Ziele auch sind – wenn Sie diese erreichen, fühlen Sie sich gut.

Dann „hat es sich gelohnt" – Sie „fühlen Ihren eigenen Wert".

Optimal Kommunizieren heißt auch die Bedürfnisse des anderen nicht zu missachten.
Es muss wohl kaum bewiesen werden, dass uns ein Gesprächspartner, der unsere eigenen Bedürfnisse anspricht, lieber ist, als einer, der nur seine Bedürfnisse befriedigen will.

Beispiel: „Du hör mal, was mir heute passiert ist. Also, ich gehe da ins Büro meines Chefs, und da sagt der zu mir …
Aber Du hörst mir ja gar nicht zu?!"

„Du, ich hätte da gerne mal deine Meinung in einer Sache.
Hast du einen Moment Zeit für mich?"

Hier sehen Sie „schlechte" und „gute" Kommunikation.

Zu den menschlichen Bedürfnissen gehört aber unbedingt auch „Anerkennung"!!!

Was ist / bedeutet Anerkennung?

Auch hier ist eine Definition schwer, vielleicht will man gefallen, braucht das Gefühl von Sicherheit, Geborgenheit und Zugehörigkeit???

Man passt sich an, will „richtig" sein und richtet sich nach den Umweltreaktionen …
… denn, nur wenn ich mich akzeptiert und anerkannt weiß, fühle ich mich „gut"?!

Ziel ist es (so genannte) „Streicheleinheiten" zu erhalten.
Alles Verhalten kann durch „Streicheln" beeinflusst, modifiziert oder auch unterbunden werden.

Aber Lob ist nicht gleich Lob!!!

Wir müssen die Art von Lob (Anerkennung) finden, die den Bedürfnissen des anderen angepasst ist, denn nur so können wir vom Wert des richtigen Lobes profitieren.

Je mehr Sie auf die Bedürfnisse Ihres Gesprächspartners eingehen, desto mehr wird er (automatisch) Ihre eigenen Bedürfnisse befriedigen.

Optimal kommunizieren heißt aber auch den / die anderen richtig zu motivieren.

Ein Motiv kann bewusst oder unbewusst sein.
Jedes Motiv entspringt einem Bedürfnis, jedes Bedürfnis hat die „Bedürfnis – Befriedigung" zum Ziel.

Jemanden zu motivieren heißt also, ihn / sie dazu zu bewegen, ein von mir gewünschtes Verhalten an den Tag zu legen oder ein altes / bisheriges Verhalten zugunsten eines neuen aufzugeben.
Stellt sich also die Frage:

„Wie motiviere ich jemanden?"

Eigentlich ganz einfach, indem ich eines seiner unbefriedigten Bedürfnisse anspreche und ihm / ihr zeige, durch welches Verhalten er / sie dieses befriedigen kann (und das indem ich ihm / ihr möglichst in „Bildern" vor Augen führe, wie sein „Ziel" aussehen könnte).
Denn, je besser er sich die Zielsituation vorstellen kann, desto motivierter ist er / sie.

Aber das Einfache ist meistens dann doch immer schwer um zusetzten.

Beachten Sie die „Goldene Regel", die besagt „Das Kriterium optimaler Motivation ist, dass beide Seiten hinterher zufrieden sind, da die Bedürfnisse beider befriedigt wurden."

Kommunikations – Ebenen

Wir unterscheiden die --- Inhaltsebene und die --- Beziehungsebene.

Inhaltsebene:

Wenn wir miteinander reden, dann ergibt sich zwangsläufig eine Inhaltsebene, da wir „über etwas" reden.

Hierbei „senden" wir Nachrichten, informieren andere, „empfangen" Nachrichten, werden informiert, hören oder lesen …
Auf der Inhaltsebene werden „Botschaften" (Nachrichten / Informationen) gesendet und empfangen.

Beziehungsebene:

Die Art und Weise, wie wir etwas sagen ist ein wesentlicher Bestandteil des Kommunikations - prozesses.

Diese „Signale" definieren die Beziehungen untereinander und können positiv, neutral oder negativ sein.

Konkret, solange die Beziehung positiv (oder neutral) ist, ist die Inhaltsebene nicht belastet, d.h. die Botschaften können ungehindert zum andern durchdringen.

Fühlt sich aber mindestens einer der Gesprächs-partner „unwohl" (Angst, Ärger, Eifersucht, Neid …) dann wird die Beziehung selbst wichtiger als der Inhalt.

Wichtig:

Erst wenn die Beziehung wieder positiv (neutral) ist, sollte man zu den Inhalten zurückkehren.

Zusammenfassung:

Wenn mir der Gesprächspartner oder der Ausgang des Gespräches besonders wichtig oder wesentlich erscheinen, dann sollte ich mich bemühen, so erfolgreich wie möglich zu kommunizieren, d.h. richtig zuhören, „Streicheleinheiten" verteilen und somit optimal motivieren, also dem Gesprächs-partner zeigen, dass ich ihn akzeptiere.

Für optimales und erfolgreiches Kommunizieren ist aber auch eine Grundvoraussetzung das Vertrauen in die eigene Person (Selbstbewusstsein)!!!

Denn nur wenn Sie an sich selbst glauben, an das, was Sie sagen, an Ihre Stimme, Ihre Mimik, Ihre Gestik usw., können Sie das auch nach außen hin glaubwürdig vermitteln.

Körperhaltung

Sie brauchen eine Körperhaltung, die Selbst-bewusstsein signalisiert.

Dazu sollten Sie mit beiden Beinen fest auf dem Boden stehen, den Rücken gerade halten, eine aufrechte Kopfhaltung anstreben und den Augenkontakt zum Gesprächspartner halten.

Körpersprache

Zum Selbstbewusstsein gehört auch eine bewusste Körpersprache. Mit hängendem Kopf clever reagieren, das ist fast unmöglich.
Wenn die Wortwahl stimmt, wissen auch die Hände wohin.
Ein geschultes Auge kann eine Vielzahl von Informationen allein durch Körperhaltungen ablesen, noch ehe der Gesprächspartner ein einziges Wort gesagt hat.
Also trainieren Sie Ihre Körpersprache, Ihre Gestik und Mimik, aber bleiben Sie dabei „Sie selbst".

Wussten Sie schon?

Es gibt auch eine Körpersprache im Schlaf!!!

Es besteht ein enger Zusammenhang zwischen den Schlafpositionen eines Menschen und anderen über ihn bekannten Faktoren.

„Foetus – Lage"
(eingerollt geschlossene Haltung)
Dies zeigt ein starkes Schutzbedürfnis und den Wunsch nach einem Mittelpunkt, einem Kern, um den herum sie ihr Leben aufbauen und auf den sie sich stützen können.

„Bauch – Schläfer"
(auf dem Bauch ausgestreckt liegender Schläfer)
Dies zeigt, dass sie auch im täglichen Leben unter dem Zwang stehen, den Gang der Ereignisse, ihre Umwelt selbst zu bestimmen, sie schätzen keine Überraschungen.

„Rücken – Schläfer"
(auf dem Rücken Schlafende)
Dies zeigt ein Gefühl der Sicherheit, des Selbstvertrauens und eine starke Persönlichkeit, der es leicht fällt die Welt zu akzeptieren.

„Halbfoetale – Lage"
(Seitenlage, mit leicht angezogenen Knien – 75 % aller schlafen so)
Diese Lage ist nicht nur bequem, sondern auch „vernünftig", weil zweckmäßig, dementsprechend haben sich diese Menschen auch „vernünftig" an die Welt angepasst, sind im großen und ganzen ausgewogene, selbstsichere Leute, die sich mit Tatsachen abfinden.

Haben Sie sich wiedererkannt?

Ein Nachdenken über unsere Schlafposition kann sich durchaus lohnen!!!

Stimme

Wer sich Gehör verschaffen will, erreicht das nicht mit einer leisen, dünnen „Pieps – Stimme".

Wissen Sie eigentlich, über welche Nuancen Ihre Stimme verfügt?

Probieren Sie es aus:
Singen Sie ... beim Abwaschen, mit Ihren Kindern, während der Autofahrt ...
Lesen Sie laut, schreien, flüstern, kreischen, murmeln, wispern Sie dabei.
Lesen Sie schnell und auch mal ganz betont langsam.
Sie wissen Ja: Übung macht den Meister.

Bisher haben wir von der Motivation der Kunden gesprochen, aber mindestens genauso wichtig sollte unserer eigenen Motivation, die sogenannte „Selbstmotivation" sein.

Vielleicht kennen Sie den Spruch:

„Solange die so tun, als ob die uns richtig bezahlen, solange tun wir so, als ob wir richtig arbeiten"

Erfolg besteht aus vielen Komponenten:

Können, harter Arbeit, Unterstützung von anderen und auch einer Portion Glück
Auf jeden Fall aber braucht es ein hohes Maß an Selbstmotivation, das uns auf dem Weg zu unserem Ziel vorantreibt.
Je deutlicher und überzeugter Sie wissen, was Sie erreichen möchten, desto besser können Sie Ihre Selbstmotivation und die notwendige Konzentration auf Ihr Ziel fördern.

Was auch immer Sie erreichen wollen, finden Sie Ihre persönlichen Motive dafür.

Nach der Erkenntnis „Was will ich eigentlich?" müssen Aktionen folgen ... bewusstes Handeln in Richtung Ziel.
Um in Bewegung zu kommen, ist es hilfreich, sich das eigene Ziel immer wieder so konkret wie möglich vorzustellen.

Schauen Sie in die Zukunft!!!

Es ist täglich Ihre Entscheidung – glücklich zu sein - und durch diese innere Einstellung weiteres Glück anzuziehen und damit Ihre Motivation weiter zu fördern.

Probieren Sie es aus!!!

Glücklich sein macht kraftvoll, und so können Sie viel besser mit dem sorgenvollen Drumherum umgehen.
In dem Gefühl, glücklich und zufrieden zu sein, liegt auch ein Schlüssel, der Ihr Bewusstsein zu mehr Selbstmotivation anregt.

Wer glücklich ist, erkennt seine Motive besser und hat viel mehr Schwung, um Ideen und Pläne umzusetzen.

Sorgen, Ärger, Probleme ... können die Motivation stark blockieren und große Konzentrationsräuber sein.

Betrachten wir die „Motivationshemmer".

„Ich habe wenig Willensstärke und Selbstdisziplin."

Als Ergebnis erlernter Denk – und Gefühlsgewohnheiten, negativer Erfahrungen, geplatzte Träume oder / und ausgehend von einem negativen Selbstbild.
Wer Selbstdisziplin braucht ist (noch) unmotiviert.

„Positive Motivation reicht aus"

Ergibt sich durch Erfahrungen aus der Praxis, unser Gehirn tut mehr, um Schmerz zu vermeiden als um Lust zu gewinnen (Überlebensorientierung)
Sie sind sehr motiviert, diszipliniert und konsequent, weil der Schmerz, es nicht zu tun größer ist als die Freude, es sein zu lassen.

„Auf Dauer hilft nur Druck"

Funktioniert natürlich, aber nur kurzfristig (Schmerz vermeiden), man nimmt den „Fuß vom Gas", somit ist das Motivationsniveau niedriger als davor, es fehlt der Eigenantrieb.

„ Sich verändern ist schwierig und dauert zu lange"

Es fehlen die richtigen Gründe, nur gewisse Umstände „zwingen" uns zu Veränderungen.

„Je älter, desto schwerer werden Veränderungen"

Beruht auf einem stark eingeschliffenen Verhaltensmuster, aus der Erkenntnis heraus „so komme ich klar".
Hier sind noch stärkere Gründe nötig für Veränderungen.

„Rezession, schlechte Marktlage"

Das Ist eine schlechte Ausrede, man sieht andere mögliche Wege nicht.

„Unfähige Mitarbeiter, Kollegen, Vorgesetzte"

Hier versucht man sich hinter anderen zu verstecken und sollte sich die Frage stellen „ist man wirklich besser wie alle die anderen"???

„Minderwertige Produkte"

Ist es so oder glaubt man das nur?
Warum arbeitet man dann in dieser Firma / Unternehmen?

„Übermächtige Mitbewerber"

Diese Auffassung ergibt sich aus mangelndem Selbstbewusstsein, hier müssen die eigenen Stärken herausgearbeitet und erkannt werden.

„Ungerechtes Umfeld"

Man glaubt die eigenen Leistungen (welche?) werden nicht anerkannt, andere werden bevorzugt (warum?).
Sind Sie immer bereit, all das selbst zu tun, was Sie von anderen verlangen und erwarten???

Was also kann uns motivieren (Motivatoren)?

Sie wollen in Aktion sein.

Ist es für Sie anregend zu spüren, wie Sie Ihre eigenen Möglichkeiten und Talente erleben?
Sind Sie gerne ständig selbst aktiv?
Werden Sie durch eine aktive Umgebung besonders stimuliert?

Sie wollen Vorbildern nacheifern.

Lassen Sie sich durch andere Spitzenleistungen motivieren und anspornen?
Sagen Sie sich, „Wenn der das kann, kann ich das auch"?

Der eigene Erfahrungsschatz.

Helfen Ihnen Erinnerungen an vergangene Erfolgserlebnisse, auch in der aktuellen Situation zusätzliches Durchhaltevermögen zu entwickeln?

Eine attraktive Perspektive.

Denken Sie gerne in die Zukunft?
Malen Sie sich gerne aus, schon am Ziel zu sein?
Sind Sie bereit einen hohen Preis zu zahlen, um Ihr Ziel zu erreichen und somit noch erfolgreicher zu sein?

Sie wollen etwas Sinnvolles tun.

Spornt es Sie an etwas Sinnvolles oder wertvolles zu tun?
Ist es für Sie wichtig, dass Sie mit Ihrem Tun einen Beitrag zur Veränderung / Verbesserung leisten?

Sie wollen selbst gestalten können.

Hinterlassen Sie gerne Ihre eigenen „Spuren"?
Drücken Sie durch Ihr Handeln gerne Ihre Persönlichkeit aus?

Sie wollen besser als andere sein.

Wollen Sie gerne Erster sein?
Genießen Sie es andere zu übertreffen?

Sie wollen sich selbst übertreffen.

Ist der „Mann / Frau im Spiegel" Ihr wichtigster Kritiker?
Orientieren Sie sich gerne daran, Ihre selbst gesetzten Maßstäbe zu übertreffen?

Sie wollen gerne allein und eigenverantwortlich arbeiten.

Arbeiten Sie am liebsten in einem von Ihnen selbst bestimmten Rhythmus?
Ziehen Sie es vor, in der Verantwortung und damit „Herr des Geschehens" zu sein?

Sie wollen ein gemeinsames Erleben.

Werden Sie durch die gemeinsame Arbeit mit anderen im Team stark motiviert?
Ist eine motivierende und unterstützende Team - umgebung entscheidend für Ihre persönliche Höchstleistung?

Die äußeren Faktoren.

Haben Faktoren wie Partner, Partnerin, Eltern, Chef, Arbeitsgeräte, Arbeitsumgebung ... großen Einfluss auf Ihre Leistung?

Sie wollen Anerkennung.

Lieben Sie das Rampenlicht und den Applaus?
Verdienen Sie sich gerne durch Top – Leistungen den Respekt von anderen?
Sind Sie süchtig nach Komplimenten, die Sie nach Spitzenleistungen erhalten haben?

Sie suchen die Herausforderung.

Sind Sie einer der „Jetzt erst recht" Typen?
Wachsen Sie über sich hinaus, wenn Sie vor besonderen Schwierigkeiten stehen?
Wenn es schwierig wird, fängt da der Spaß für Sie erst an?

Sie wollen eine gute Vorbereitung.

Lässt Sie eine gute Vorbereitung ein Sicherheits - gefühl entwickeln?
Hemmen Sie ständige Improvisationen?

Sie wollen Macht und Einfluss.

Spornt es Sie an, das „Sagen" zu haben?
Motiviert es Sie, mittels Wissen oder Autorität Ihre Ideen durchzusetzen?

Motivation ist die Chance und die Sehnsucht, sein volles Leistungspotential zu erreichen und ist der im Voraus empfundene Schmerz, aus seinen Fähig - keiten, Begabungen und Talenten nicht das Optimale gemacht zu haben.
Die wichtigste Motivationsvoraussetzung, um sein volles Leistungspotential zu erreichen, ist der Glaube an seine Chancen - an seine Zukunft!!!

Jeder Gedanke, den wir realisieren wollen, muss durch ein Gefühl aktiviert und unterstützt werden.

Ein Gedanke ohne Gefühl erzeugt keine Motivation und ein Gefühl ohne (klaren) Gedanken bewirkt keine Richtung.

Deshalb müssen Gedanken und Gefühle verbunden werden!!!

Gebrauchsanweisung zur Selbstmotivation

Was ist / sind mein persönlichen (realistischen) Ziele?
Was will ich wann, wo, wie erreichen?
Was werde ich empfinden, wenn ich meine Ziele erreicht habe?
Welche Glücksgefühle stellen sich wie und warum ein?
Was muss ich also tun, um meine Ziele, zu einem von mir bestimmten Zeitpunkt, erreichen zu können?

Rufen Sie sich dazu Situationen ins Gedächtnis oder schreiben Sie diese auf, in denen Sie weit über Ihre normalen Leistungen hinausgewachsen sind.
Was war in der Vorbereitung auf diese Situationen entscheidend?
Welches besondere Verhalten hat zum Erfolg geführt?
Welche äußeren Umstände waren besonders positiv?

Wählen Sie die für Sie wichtigsten und ent - scheidenden Motivatoren aus und handeln Sie danach.

Wer nur mit halbem Herzen bei der Sache ist, fühlt sich oft unausgeglichen und unzufrieden.
Spüren Sie Ihre tatsächlichen Ziele auf.
Das setzt ungeahnte Kräfte frei und bringt Sie Ihren Träumen näher!!!

Zur Selbstmotivation gehört aber auch das „Selbstmarketing" bzw. das sogenannte Persönlichkeitsmarketing des / der Verkäufers / in.

Warum soll ich, als Kunde dieses Produkt ausgerechnet bei Ihnen kaufen?

Die Produkte/Dienstleistungen … sind vergleichbar, erfüllen gleiche Parameter, haben gleiche Eigenschaften, Preise sind auch ähnlich.
Da sich Produkte / Dienstleistungen immer weniger unterscheiden, stehen die Verkäufer immer mehr im Vordergrund.
Die Wichtigkeit der Person des „Verkäufers" nimmt also immer mehr zu.
Wenn der Kunde sich für einen Lieferanten, Dienstleister…entscheidet, kauft er im Gesamtpaket auch „seinen" beratenden Verkäufer / in mit ein.

Also wird auch das „optische Aussehen", das „Auftreten" und das gesamte „Erscheinungsbild" des / der Verkäufer / in immer wichtiger und ent‑scheidender.

Persönlichkeitsmarketing

Persönlichkeit ... ist das Ganze, der das Wesen einer Person ausmachenden Eigenschaften.
Marketing ... ist die Ausrichtung aller Bemühungen auf die Verbesserung der Verkaufs – und Absatzmöglichkeiten.

Was also ist Persönlichkeitsmarketing?

Oder besser, was beinhaltet Persönlichkeits - marketing?

Wir sprechen hier von der Selbstdarstellung, verbunden mit Umgangsformen, Outfit ..., die zur Verbesserung des persönlichen Erfolges dienen soll.
Der erste Eindruck ist der entscheidende und beeinflusst die weitere (geschäftliche) Entwicklung.
Sie bekommen in der Regel keine zweite Chance, sondern werden „schubladenmäßig" eingeordnet.

Schlussfolgerungen:

Persönlichkeitsmarketing ist wichtig für alle gesellschaftlichen (sowohl geschäftliche, als auch private) Bereiche. Nur wer sich selbst gut „verkaufen" kann, hat Erfolg!!!
Wir erinnern uns - bezogen auf den geschäftlichen Bereich kann man sagen, dass laut statistischen Erhebungen mind. 40 % des Umsatz - / Absatz - Verkaufserfolges von der Person des Verkäufers abhängen!!!

Die Grundlagen des Persönlichkeitsmarketings sind, die äußere Erscheinung – Outfit, die Gestik und Mimik – Körpersprache, die Pünktlichkeit und Zuverlässigkeit, die Gesprächseröffnung / Anrede, die Umgangsformen (Anstandsregeln) sowie die Rhetorik (Redeangst überwinden / Pausentechnik beim Sprechen / Dialekt).

Zur äußere Erscheinung – Outfit

Die Figur … es gibt keine Idealtypen!!!
Wichtig ist aber ein sauberes und gepflegtes Aussehen.

Was ist der „ blinde Fleck "?

Darunter versteht man z.B. verstärktes Schwitzen / Mundgeruch / Magengeruch / Haarschuppen.

Jeder Mensch hat einen oder mehrere „blinde Flecke", aber auch jeder kann und sollte etwas dagegen tun.
Problematisch ist allerdings, dass man selbst die „blinden Flecke" nicht immer erkennt (teilweise auch gar nicht erkennen kann), deshalb ist es wichtig die Hinweise von Personen im Umfeld aufmerksam und dankend aufzunehmen und natürlich dann auch zu „reagieren".

Zur Kleidung

Die Kleiderfrage war, ist und bleibt immer aktuell!!!!

Damit im Zusammenhang steht, dass der erste Eindruck oft entscheidend ist und sich dieser später meist nur mit Mühe wieder korrigieren lässt. Normgerechte, konventionelle Kleidung garantiert dem Träger, Seriosität auszustrahlen und Vertrauen zu wecken.

Was aber ist „ normgerecht "?

Da gibt es natürlich für Frauen und Männer unterschiedlichen Normen, die sich dann auch noch je nach Anlass, Umgebung und Tageszeit unterscheiden.
Wichtig ist, dass die Kleidung sowohl zu Ihnen, als auch überhaupt passt.
Besser keine „Kleidungsexperimente", es sei denn, dass damit ihr „aufgebautes Image" entsprechend unterstrichen wird.

Zur Körpersprache.

Im täglichen Leben, in allen geschäftlichen Branchen und besonders im Kontakt zu Kunden und Geschäftspartnern, spielt die Körpersprache eine besonders wichtige Rolle. Wir sprechen mit dem Körper.
Nur wer die nonverbalen Signale seines Gegenüber bewusst zu deuten weiß, kann zusätzliche Informationen erhalten und sich so auf ihn einstellen.

Die bewusste Mimik und Gestik kann Ihnen helfen, ihren Gesprächspartner besser zu verstehen, selber positiver zu wirken und in beruflichen sowie privaten Gesprächssituationen sicherer zu reagieren.

Es geht darum Persönlichkeitsmerkmale zu identifizieren, die Botschaften der Körpersprache zuerkennen, zu deuten und einzusetzen.
Und somit Ihre Selbst- und Fremdwahrnehmung zu verbessern.

Zur Pünktlichkeit und Zuverlässigkeit.

Ihre Pünktlichkeit ist der erste Nachweis Ihrer Zuverlässigkeit!!!
Ein Geschäftspartner oder Kunde schlussfolgert, jemand der pünktlich ist, hält vermutlich auch alle anderen Vereinbarungen ein.
Faustregel : Je kleiner der Kreis, desto pünktlicher!

Umgangsformen (Anstandsregeln).

Empfehlungen des Herrn Adolf Freiherr von Knigge

„Zeige Vernunft und Kenntnis – nicht so viel, um Neid zu erregen, und nicht zu wenig, um übersehen zu werden.
Lerne Wiederspruch zu ertragen.
Sei nicht kindisch eingenommen von Deinen Meinungen.
Enthülle nie auf unedle Art die Schwäche Deiner Mitmenschen, um Dich zu erheben.

Schreibe nicht auf Deine Rechnung das, wovon anderen das Verdienst gehört.
Klage Dein Leid, Deine Schwäche niemand als dem, der helfen kann – Wenige helfen tragen. Viele treten zurück, sobald sie sehen, dass Dich das Glück nicht anlächelt.
Eine einzige abgeschlagene Wohltat macht tausend wirklich erzeigte im Augenblick vergessen.
Nichts in der Welt erscheint den Leuten so witzreich, als wenn man sie lobt.
Sei lieber das kleinste Lämpchen, das einen dunklen Winkel mit eigenem Licht erhellt, als der große Mond einer fremden Sonne."

Viele kluge Ratschläge, die schon alt sind, an denen sich aber bis heute nichts geändert hat und die man unbedingt beachten, bedenken und berücksichtigen sollte.

Zur Rhetorik

Geht es Ihnen manchmal auch so?

Eine verbale Attacke macht Sie erst mal sprachlos. Später fällt Ihnen genau die richtige Antwort darauf ein.

Und natürlich ärgern Sie sich darüber, dass Sie nicht gleich so reagiert haben!!!!!!

Wie reagieren Sie z.B. auf folgende Äußerungen?

„Wo haben Sie sich eigentlich Ihren Abschluss gekauft!?"
„Nun machen Sie mal zu, Ihnen kann man ja beim Laufen die Schuhe besohlen!"

Allzeit bereit zu reaktionsschnellem Denken und Sprechen – sicher ein Wunsch, aber so leicht ist das leider nicht.
Immer wieder ringen wir nach Worten, stehen sprachlos da und ärgern uns.
Doch wer sich mit dem Thema bewusst auseinander setzt, kann den selbstbewussten Umgang und die schnelle Reaktion durchaus trainieren.

Die Schlagfertigkeit

Wer schlagfertig sein will, braucht eine gewisse Risikofreude und damit die Bereitschaft, eine Eskalation in Kauf zu nehmen.
Viele Frauen fürchten sich vor Konflikten, gehen ihnen am liebsten aus dem Weg.
Sie treiben ihr Harmoniebedürfnis zu weit oder neigen dazu Angriffe grundsätzlich persönlich zu nehmen.
Dadurch erkennen sie nicht, dass es oftmals einfach darum geht, die Machtposition auszuloten und abzusichern.

Männer leiden zwar auch darunter, aber sie wissen, dass dieser Machtpoker zum „Geschäft" dazugehört.

Zur Schlagfertigkeit gehört eine bewusste Körpersprache.
Mit hängendem Kopf clever reagieren, das ist fast unmöglich.
Um verbale Attacken möglichst wirkungsvoll zu parieren, braucht man eine Körperhaltung, die Selbstbewusstsein signalisiert.

Wie könnten Sie nun reagieren?!

„Erste Hilfe" nach einem Angriff:

Gehen Sie auf Distanz zum Angreifer (im wahrsten Sinne des Wortes). Rücken Sie mit Ihrem Stuhl nach hinten oder zur Seite, bzw. gehen Sie ein paar Schritte zurück. Dadurch können Sie einen Moment innehalten, um zu überlegen, was hier eigentlich vor geht. Gleichzeitig wird durch Bewegung Stress abgebaut und Sie signalisieren dem Angreifer, dass Sie von seinen Äußerungen betroffen sind.

Wichtig, wenn der „Kontrahent" übermächtig vor Ihnen steht, stehen Sie auf und bieten Sie ihm somit die Stirn oder öffnen Sie erst einmal ein Fenster. Eine weitere Möglichkeit der „ersten Hilfe" ist die Atmung. Atmen Sie tief ein und aus, wenn Ihnen vor lauter Schreck die Luft wegzubleiben droht. Bewusstes Atmen löst Stress, so dass wir uns entspannen und beruhigen. Wichtig ist, keine Kräfte zu vergeuden. Der ganz alltägliche Angriff ist in der Regel dumm, dreist und unhöflich. Also, warum sollten Sie sich mit der Antwort besondere Mühe geben?

Wollen Sie tatsächlich ihre persönlichen Rohstoffe, wie Intelligenz, Gefühl und Aufmerksamkeit verschwenden? Überlegen Sie sich vorher, wie viel Energie Sie die Auseinandersetzung kosten wird, und ob Sie Ihre Kräfte nicht für sinnvollere Dinge einsetzen wollen!

Machen Sie es sich leicht:

Wenn Ihnen nicht sofort etwas einfällt, ignorieren Sie den Angreifer einfach, indem Sie sich wortlos umdrehen und ihn / sie stehen lassen.
Oder tun Sie etwas Unerwartetes, lachen Sie einfach schallend los, Humor kann eine Situation entschärfen. Oder Sie sprechen die Störung direkt an, „Ich fühle mich jetzt von dir angegriffen und habe jetzt keine Lust, darauf zu reagieren."

Die Umleitung

Hier schlägt Köpfchen die Frechheit.
Sie antworten nicht auf den Angriff, sondern reden über ein vollkommen anderes Thema.

Beispiel:
Angriff: „Was haben Sie den für Flausen im Kopf. Normalerweise sind Sie doch einigermaßen intelligent."

Umleitung: „Ich finde, Birnen sind nicht so rund, wie Äpfel."

Wechseln Sie also einfach das Thema – ohne Begründung.
Sie haben damit den „Ball" an Ihren Gesprächspartner zurückgegeben.
Er wird mit der Antwort nichts anfangen können und noch stundenlang darüber nachgrübeln, was Sie damit wohl gemeint haben können.

Die entgiftende Gegenfrage

Auch hier schlägt Köpfchen die Frechheit.
Nehmen Sie das Wort, das Sie verletzt oder trifft und fragen Sie den Angreifer, was dieses giftige Wort bedeutet.

Beispiel:
Angriff: „Sie haben da ja einen riesigen Blödsinn gemacht."

entgiftende Gegenfrage: „Interessant, was genau bedeutet, riesiger Blödsinn für Sie?"

Benutzen Sie die entgiftende Gegenfrage, wenn Sie unsachlich kritisiert werden.
Damit halten Sie verletzende Worte auf Abstand und geben Ihrem Gegenüber eine Chance, doch noch sachlich zu werden.

Und noch etwas, „lernen" Sie den richtigen Umgang mit Pannen und Peinlichkeiten.

Sicher kennen auch Sie das:

Etwas geht schief und jemand ist dafür verantwortlich. Der erste Reflex ist vielfach, die Schuld auf jemand anderen zu schieben oder das Missgeschick unter den Teppich zu kehren.
Das aber wirkt unprofessionell und bringt keine Sympathiepunkte ein.

Wer Pannen und Fehler offensiv angeht, sie zu gibt und sich gegebenenfalls entschuldigt, beweißt Rückgrat und Verantwortungsbewusstsein.

Grundsätzlich gilt:

Zu Pannen / Fehlern stehen, sich entschuldigen und Hilfe und Wiedergutmachung anbieten.

Der Schlüssel zum Verkaufserfolg ist die Beziehung zum Kunden.

Die emotionale Kundenbindung zwischen Verkäufer und Käufer wird zukünftig noch wichtiger. Das neue Schlagwort heißt „Kundenbegeisterung". Der Kundendienst ist Dienst am Kunden, nicht am Produkt. Die besten Gelegenheiten ergeben sich, wenn man die Grundregeln ändert.

Erfolge entstehen im Kopf, nirgendwo sonst.

Heutzutage müssen Grundsatzentscheidungen getroffen werden:

Soll über den Preis verkauft werden oder über den Service.

Für Firmen/Unternehmen ganz wichtig, wenn Sie Ihre eigene Konjunktur machen wollen, müssen sie zuerst Ihre eigene Mannschaft / sich selbst auf ein anderes Denken einschwören.

Entscheidend wird für die Zukunft auch die Aus- und Weiterbildung für die Mitarbeiter/innen und da meine ich nicht nur die am „direkten Verkauf" beteiligten sondern „Alle", da letztendlich auch „Alle" am Erfolg oder auch Misserfolg beteiligt sind.

Immer mehr Unternehmen erkennen diesen Trend und bilden ihre Verkäufer/innen zu Ratgebern und Partnern ihrer Kunden weiter, damit sie auch in der Zukunft weiterhin erfolgreich verkaufen können.

Wir müssen bestehende Kunden – verstehen – binden – entwickeln.

Wichtig ist der Aufbau einer langfristigen Beziehung.

Für die Zukunft ist es entscheidend sich in Erinnerung zu bringen und zu bleiben.

Die Kundenzufriedenheit (Informationsfluss) sollte regelmäßige überprüft werden. Es ist wichtig die Bedürfnisse, Erwartungen, Wünsche, Träume der Kunden in Erfahrung zu bringen, um diese auch erfüllen zu können bzw. zu übertreffen, dazu ist eine ständige Bedarfsanalyse notwendig und erforderlich.

Die Kunden sollten in entsprechende Entscheidungsfindungen mit einbezogen werden. Es gibt verschiedene Kundentypen, auf diese gilt es sich einzustellen. Wichtig ist das Erkennen der verschiedenen Signale und dass darauf reagieren. Kundenorientierung heißt, den Kunden in den Mittelpunkt stellen.

„Der Kunde ist König" gilt so nicht mehr – der Kunde will Partner / Freund sein.

Es geht um „gute Beziehungen", persönliche Netzwerke, eventuell um persönliche Treffen ...

Nochmal zur Erinnerung - unsere Ziele sind:

Wir wollen Empfehlungen, exklusive Informationen, eigene Informationen lancieren, Kontakte zu weiteren Entscheidern aufbauen.
Die zukünftige Herausforderung liegt darin sicherzustellen, dass Sie mit ihren Produkten und Dienstleistungen im Gedächtnis des / der Kunden bleiben – man darf Sie nicht vergessen, denn wann auch immer der „Kaufzeitpunkt" eintritt, darf dem Kunden nur ein Name einfallen → → → Ihrer!!!

Denken in Problemlösungen, lösen Sie die Probleme ihrer Kunden besser als Andere.
Ziel muss es sein, dafür zu sorgen, dass unsere Kunden selbst bessere Geschäfte machen können bzw. besser leben können (Privatbereich).

Dabei hilft uns auch die sogenannte

Nutzenargumentation

Was ist eigentlich ein Argument?

lt. Duden – ein Beweismittel

Also ist Argumentation – etwas beweisen !
Wir wollen beweisen / nachweisen, dass unser Produkt den Vorstellungen bzw. Anforderungen des Kunden entspricht.

Grundfehler in der Argumentation sind

z.B.: Banalargumente (z.B. „das passt zu Ihnen", „erfüllt alle Ansprüche" usw.)
Technoquatsch

Warum kauft eigentlich ein Kunde unsere Produkte und nicht andere / bzw. woanders?

Wegen der individuellen Behandlung, wegen der persönlichen fachgerechten Beratung, das heißt, wir müssen auf die entsprechenden Bedürfnisse des / der Kunden eingehen!!!

Überprüfen Sie doch einmal selbstkritisch Ihre eigene Argumentation und Ihr Verhalten im Verkaufsgespräch:

Passiert es Ihnen zuweilen, dass Sie sich selbst und Ihr Unternehmen in den Vordergrund rücken, statt vom Kunden und seinen Anliegen zu sprechen?
Hören Sie sich selbst gerne reden, und bestreiten Sie deshalb über die Hälfte der Gesprächszeit?
Sind Sie sicher, dass es Ihnen gelingt, beim Erstbesuch eines Kunden, Ihr Unternehmen und Ihre Produktpalette wirklich knapp und interessant darzustellen?

Fast jeder / jede Verkäufer / in kann seine Argumentation und Gesprächsführung noch stärker auf den Kunden ausrichten.

Bereiten Sie Ihre Argumentation vor!!!

Erstellen Sie eine Liste mit allen Vorteilen und Nutzenversprechen für Ihr Produkt. Schreiben Sie dazu die Leistungsmerkmale Ihres Produktes auf, fragen Sie dazu auch Ihre Kollegen. Überlegen Sie, welcher Nutzen dem Kunden aus diesen Produkt - eigenschaften bzw. aus den Serviceleistungen entsteht.
Zum Beispiel :   Zeitersparnis, positives Images,
keine Nacharbeiten/ Reklamationen,
finanzielle Einsparungen, einfachere
Verarbeitung, geringere körperliche
Anstrengungen usw.

Argumentieren in der „Sprache" des Kunden.
Oft verhandelt man mit verschiedenen Personen im Kundenunternehmen, die unterschiedliche Interessen vertreten.

Einen Geschäftsführer, der das Unternehmen von einer „höheren Warte" aus betrachtet und führt, erreichen Sie am besten, wenn Sie den Nutzen für das gesamte Unternehmen herausstellen.

Techniker interessieren sich dagegen mehr für Detailfragen und erwarten von Ihnen eine technisch orientierte Sprache.

Diskutieren Sie Ihr Angebot mit einem Einkäufer, stellen Sie wirtschaftliche Aspekte in den Vordergrund.

Jeder Kunde verfolgt individuelle Ziele!!!

Was für den einen das wichtigste Argument darstellt, rangiert bei einem anderen an letzter Stelle.

In jedem Verkaufsgespräch verfügen Sie nur über wenige wirkliche Trümpfe.

Wenn der Kunde zum Beispiel vor allem auf „Sicherheit" bedacht ist, werden Sie ihn mit Zeitsparargumenten langweilen.

Zerreden Sie also Ihre Argumente nicht.
Machen Sie nach jeder Argumentation eine Pause, damit sie wirken kann.

Was gut ist für den Kunden, ist auch gut fürs eigene Geschäft.

Man erwartet heute keine Qualitätsprüfungen mehr, man erwartet die Produktion von Qualität.

Maßnahmen zur Umsteuerung

Ein Lächeln ist die kürzeste Verbindung zum Kunden oder Lächeln ist die netteste Art, die Zähne zu zeigen.

„Ein Lächeln kostet nichts und schafft viel, es bereichert die, welche es empfangen,
ohne denen zu gehören, die es geben, es dauert nur einen Moment.
Aber sein Gedenken ist manchmal ewig.
Niemand ist reich genug, um darauf zu verzichten, niemand ist arm genug, um es nicht zu verdienen.
Es erzeugt das Glück im Heim, es ist das anschauliche Zeichen der Freundschaft.
Ein Lächeln gibt dem müden Wesen Erholung, gibt dem Verzagten den Mut zurück.
Man kann es nicht kaufen, nicht leihen, nicht stehlen, weil es eine Sache ist, die nur einen Wert hat vom Augenblick an, da es gegeben ist.
Und wenn Sie manchmal einer Person begegnen, die nicht mehr lächeln kann, seien Sie großzügig, geben Sie Ihres.
Weil niemand ein Lächeln so nötig hat wie derjenige, der anderen keines geben kann".
(Quelle unbekannt)

Das Ziel lautet vom Verkäufer / in über den Kundenberater / in zum Kundenmanager / in.

Machen wir uns noch einmal klar, der Kunde ist ein Mensch und Menschen sind verschieden. Jeder Kunde ist anders, deshalb kein Vorgehen nach Schema sondern es zählt die Individualität. Neben einer guten Fachkompetenz (wichtige Voraus - setzung) wird heutzutage zunehmend ein „Managen" der Kundenbeziehung verlangt und erwartet. Es geht darum Kundenerwartungen nicht nur zu erfüllen, sondern sie sogar zu übertreffen. Kundenwünsche erfüllen, die vom eigenen Arbeitsbereich abweichen, auch über die Arbeitszeiten hinaus erreichbar zu sein und zur Verfügung zu stehen.

Der / die Verkäufer / in als „Visitenkarte" des Unternehmens, wobei hier nochmals betont werden soll, dass das Unternehmen (Firmenphilosophie) auch entsprechende Voraussetzungen schaffen muss, damit der / die Mitarbeiter / in sich wohl fühlt und mit dem notwendigen Engagement an die Aufgabe geht (z.B. gerechte Vergütung …).

Entscheidend ist die „ständige Kundennähe", die kundenorientierte Sprache und die kunden - orientierten Formulierungen (wir wollen, wir werden gemeinsam …).

Vermeiden Sie Stoppwörter und nutzen Sie stattdessen bewusst Powerwörter.

Stoppwörter - lassen die Kommunikation unverbindlich erscheinen, assoziieren Probleme und sind negativ besetzt.
Beispiele:
müssen – eigentlich – eventuell – zirka – unter Umständen – vielleicht - nicht – nein – sollten, wäre, könnte, hätte … (Konjunktive – Möglichkeitsformen)

Powerwörter - dienen dem Verstärken einer Aussage und zum unterstreichen des Gesagten.
Beispiele:
Die einfachsten (allgemeinen) Powerwörter sind - Danke – Bitte – Name des Gesprächspartners – gerne – selbstverständlich – sofort …

Spezielle Powerwörter, individuell auf das Unternehmen/Produkte bezogen:

Vielfalt – solide – sicher – stabil – bewährtes Modell – günstig – Kompetenz – komfortabel …

Der Kunde hat den höchsten Wert, er ist ihr „Schatz", also bringen Sie ihm entsprechende Wertschätzung entgegen.

Selbstkenntnis / Selbsterkenntnis / Menschenkenntnis

Hier geht es um die „Stimmigkeit" von Persönlich - keit und Verkaufsmethode.

In jedem / in jeder steckt ein Gewinner ! ! !

aber

Was macht Menschen zu Gewinnern?

Diese Frage ist so alt wie die Menschheits - geschichte.

Es gibt verschiedene Theorien, Ansichten und Meinungen, wie man zum Erfolg kommt bzw. gewinnt.
Meistens geht man dabei jedoch von Wunsch - vorstellungen aus, wie z.B. vom idealen Vorgesetzten, vom idealen Verkäufer, vom richtigen Führungsstil, von optimalen Verkaufstechniken usw.

Diese Wunsch- / Idealvorstellungen lassen jedoch zwei Tatsachen außer Acht.

Zum einen, es gibt keinen „Einheitstyp" des Erfolgreichen und zum anderen, es gibt keine „Patentrezepte" für Erfolg. Gewinner weisen vielmehr sehr unterschiedliche Persönlichkeits - merkmale auf. Gewinner zeichnet ihre Individualität aus. Gewinner haben einen ganz persönlichen Stil.
Gewinner verwenden sehr unterschiedliche Methoden und Techniken, die aber zu ihnen passen!!!
Die Authentizität ist wichtig, das heißt, die Übereinstimmung bzw. das aufeinander abgestimmt sein der Persönlichkeitsstruktur und dem erlernten Verhalten.

„Erkenne Dich selbst"

Dieser Leitspruch ist bekannt, er steht schon seit über tausend Jahren eingemeißelt am Apollo-Tempel in Delphi.

Selbstkenntnis / Selbsterkenntnis ist erlernbar.

Wer bin ich eigentlich wirklich?
Erst die Beantwortung dieser Frage bietet die Chance, sich zu verwirklichen, ganz der / die zu sein, der / die man wirklich ist und ganz der / die zu werden, der /die man sein möchte bzw. sein könnte.

Wer sich selbst kennt

- gelangt dadurch zur besseren Einsicht in seine individuellen Voraussetzungen
- erkennt seine Möglichkeiten und Grenzen
- kann immer mehr von den Möglichkeiten, die in ihm sind verwirklichen
- kann sein Persönlichkeitspotential besser nutzen
- kann sich in jeder Lage so verhalten, wie es seiner Persönlichkeit entspricht
- kann seine Wirkung auf andere stärken und damit an Glaubwürdigkeit gewinnen
- begreift die tatsächlichen Ursachen seiner Erfolge und Misserfolge
- kann somit seine Erfolgschancen steigern
- kann Misserfolge vermeiden
- kann sich erreichbare Ziele setzen und realistische Leitbilder wählen

Kann man sich denn selbst erkennen?

Natürlich kann man das!

Wer sollte einen denn besser kennen?

Niemand weiß so viel über Sie, wie Sie selbst.

Schließlich stehen Ihnen die Erfahrungen, Ihres ganzen bisherigen Lebens, Ihre Handlungen und Reaktionen auf entsprechende Ereignisse, Ihre Vorlieben und Abneigungen, Ihre Wünsche, Träume und Ängste zur Verfügung.

Selbstkenntnis ist nicht eine Aufgabe, die man „Experten" überlassen muss.

Schließlich heißt das jahrtausendalte Sprichwort

„Erkenne Dich selbst" und nicht
„Lasse Dich von Experten beurteilen"

Was Sie allerdings brauchen ist eine systematische Hilfe die Ihre einzelnen Erfahrungen zusammen - fasst und somit die Grundzüge Ihres Wesens deutlich macht, so dass Ihre Persönlichkeit erkennbar wird.

Nur bei einer umfassenden und gründlichen Auswertung Ihrer eigenen Persönlichkeit und der damit gewonnenen Erkenntnisse über sich selbst, sowie deren späteren Beachtung können Sie erfolgreich sein, bzw. werden!

Ziehen Sie eine Bilanz.

Worin bestehen meine besonderen Stärken?

Worin liegen meine wesentlichen Risiken?

Stellen Sie sich folgende Fragen und beantworten Sie sich diese ehrlich und nur für sich alleine.

Unter welchen Umständen waren Sie besonders erfolgreich?

Unter welchen Umständen waren Sie eher erfolglos?

Gibt es bestimmte Umstände, die Ihnen immer wieder Erfolg bringen?

Gibt es nicht auch bestimmte Umstände, die Ihnen immer wieder im Wege stehen?

Hätten Sie gerne andere Stärken?

Auf welche Stärken würden Sie gerne verzichten?

Sind Sie im Einklang mit sich selbst?

Prüfen Sie einmal die Rollen, die Sie im täglichen Leben spielen wollen oder spielen müssen.

Welche Rollen spielen Sie, weil Sie sie spielen wollen?

Welche Rollen spielen Sie, weil andere sie von Ihnen erwarten und fordern?

Müssen, können bzw. wollen Sie da etwas ändern?

Tagtäglich werden Sie immer wieder feststellen, dass Menschen versuchen in „Rollen" zu schlüpfen, die nicht zu ihnen passen.
Bei dem Versuch sich auf Dauer „Rollen" anzu- trainieren kommt es nicht selten zu Stress- situationen, deren Folge psychische und psychosomatische Störungen sein können.

Deshalb gilt <u>nicht</u>:
„Werde der, der Du sein möchtest"

Sondern:
„Werde der, der Du bist"

Nachdem Sie nun den „Schlüssel" zur Selbstkenntnis / Selbsterkenntnis gefunden haben, wollen wir nun nach dem „Schlüssel" zur Menschenkenntnis suchen.

Wenn man sich in der Berufswelt umsieht, wird einen folgende Tatsache sehr deutlich bewusst.

Es gibt zwar viele *„Sachverständige"*

aber zu wenige *„Menschenverständige"*.

Die tägliche Erfahrung zeigt, dass auch die besten „Sachverständigen" im Umgang mit Menschen oft Fehler machen, die sie sich auf ihrem Fachgebiet nicht erlauben würden bzw. nicht leisten könnten.
„Menschenverstand" bedeutet nicht nur, die besonderen Eigenschaften und Eigenarten von Menschen zu erkennen, sondern es bedeutet auch, diese zu berücksichtigen, zu bewerten und zu nutzen.
Die besten Vorhaben müssen scheitern, wenn man das Verhalten der Menschen, mit denen man diese Vorhaben verwirklichen will, nicht von vornherein mit einbezieht.

„Menschenkenntnis",
ist die Fähigkeit, einen anderen Menschen schnell in seinen Wesenszügen zu erkennen.

Wer etwas von Menschen versteht...
...kann Menschen in ihrer Individualität besser einschätzen und richtiger behandeln.
...kommt mit Menschen besser zurecht.
...kann unnötige Konflikte vermeiden.
...kann Menschen besser für sich, seine Pläne und Ideen gewinnen.
...kann es vermeiden andere Menschen zu über- oder unterfordern.
...kann eine mögliche Reaktion von Menschen rechtzeitig vorhersehen.
...kann besser erkennen, was er / sie von jemanden erwartet.
...täuscht sich nicht so oft in Menschen und erlebt deshalb auch weniger Enttäuschungen.

Es ist eine Illusion zu glauben, man könnte Menschen „objektiv" beurteilen.
Menschenkenntnis braucht den Vergleich.

Und der Vergleichsmaßstab sind Sie selbst.

Nur aus der Kenntnis der eigenen Individualität kann man die für sich gültigen Maßstäbe gewinnen, an denen man dann auch andere messen kann, um ihre Individualität zu erkennen, zu verstehen und zu akzeptieren.

z.B. Äußerlichkeiten:
Wie groß, wie stark, wie schnell jemand ist, sagt Ihnen „objektiv" wenig, ob jemand aber größer, stärker oder schneller ist als Sie, kann für Sie entscheidend sein.

z.B. Wesensmerkmale:
Auch hier geht es im Grunde genommen nicht darum, wie jemand „objektiv" beschaffen ist, sondern wie er sich von Ihrer Wesensart unter-scheidet.

„Wenn jemand jemanden Maß nimmt, misst er ihn nicht nach gegebenen Maßen, sondern immer nach seinen eigenen."

So ist das Wesen der Menschenkenntnis ein ständiges Messen und Vergleichen, wobei Ihr Maßstab Sie selbst sind.

Vor Ihrem Bemühen um Menschkenntnis muss zunächst erst einmal die Einsicht stehen, dass Ihr Urteil über andere Menschen immer ein sehr „subjektives" Urteil ist.
Es enthält viele persönliche Wertungen, die oft mehr über Sie, den Beurteiler, als über den Beurteilten aussagen.

Eine große Rolle spielen auch Vorurteile.

Es ist eigentlich gar nicht möglich, einem fremden Menschen zu begegnen, ohne sich sofort ein – Vor – Urteil – zu bilden.
Dieses – Vor – Urteil – über den anderen Menschen gibt jedoch keine Beschreibung von ihm, sondern zeigt nur Ihre eigene Reaktion.
Nur wenn Sie sich selbst genau kennen, können Sie Ihre – Vor – Urteile – so erkennen und durchschauen, dass Sie sie nicht einfach hinnehmen, sondern die richtigen Schlüsse ziehen können, um den anderen richtig einzuschätzen.

Keiner ist frei von Vorurteilen, jeder hat Sympathien und Antipathien

Welche Eigenarten von Menschen sind Ihnen sympathisch?

Welche Eigenarten von Menschen sind Ihnen unsympathisch?

Ausgehend von Ihren eigenen Vorurteilen, Ihren Sympathien und Antipathien, sowie von Ihren persönlichen Vergleichen, sollte es nun gelingen den / die anderen Menschen entsprechend zu „definieren", „einzuordnen" bzw. „einzugruppieren".

Dazu ist es natürlich notwendig, die formulierten Eigenschaften der Menschen zu kennen, diese abrufbereit zu haben und diese für sich auswerten zu können.
Um somit auch „treffsicher" reagieren zu können.

Denken Sie immer wieder daran:

Der Maßstab für Ihre Einschätzungen sind Sie selbst.

Nur wenn Sie sich richtig kennen, können Sie andere richtig einschätzen und somit auch richtig reagieren!
Natürlich ist es meistens nicht möglich andere Menschen sofort und allumfassend einzuschätzen und einzuordnen, denn Sie können ja nicht die Fragen zur Selbstkenntnis stellen und dann eine Eingruppierung anhand der Unterlagen vornehmen, denn es ist meistens nicht genügend Zeit da, um eine Vielzahl von Eindrücken differenzierend zu analysieren.
Also geht es bei der praktischen Menschenkenntnis zunächst nur darum, einige charakteristische Eigenarten und Eigenschaften rasch und richtig zu erfassen, um daraus die elementare Grundstruktur der Persönlichkeit zu ermitteln.

Der erste Kontakt

Irgendwann ergibt sich der erste Kontakt.
Wie dieser Kontakt zustande kommt, kann durch typische Verhaltensweisen bereits Hinweise auf die Persönlichkeit des anderen Menschen geben.

Manchmal ergibt sich der erste Kontakt durch eine Begegnung in der Gruppe.
Das erleichtert oft die Einschätzung, weil das Verhalten eines Menschen anderen in der Gruppe gegenüber zusätzliche Anhaltspunkte liefert.

Wie erfolgt der erste Kontakt:

Zurückhaltend, meidet Körperkontakt, entgegen-kommend, sucht Nähe, aktiv, impulsiv...?

Daraus ergeben sich entsprechende Schluss-folgerungen.

Nach dem ersten flüchtigen Kontakt bietet dann das erste Gespräch weitere deutliche Hinweise.
Die Art, wie jemand im Gespräch seine Meinung vertritt und auf Ihre Ansichten reagiert, bietet Ihnen gute Anhaltspunkte für die richtige Einordnung.

Wie gestaltet sich das Gespräch:

Sachlich, überlegt und geordnet, redselig, gefühlsbetont und persönlich, engagiert, ungeduldig und undiplomatisch...?

Auch daraus lassen sich wieder Schlussfolgerungen ziehen.

Auch wie sich Gefühle äußern gibt für die Menschenkenntnis aufschlussreiche Erkenntnisse, die eine Einordnung erleichtern.

Schon allein die Beobachtung, ob und wie man Gefühle beim anderen erkennen kann, liefert wichtige Aufschlüsse.
Wenn die Gefühle stärker werden, etwa in Erregung oder im Stress, zeigen sich oft Eigenarten, die unter normalen Umständen weniger leicht zu erkennen sind.

Wie äußern sich die Gefühle?

Kaum erkennbar und undurchsichtig, leicht erkennbar mit „sprechender" Körpersprache und lebhaft…?

Und natürlich sind auch hier wieder entsprechende Schlussfolgerungen möglich.

Für die praktische Menschenkenntnis gibt neben den besonders ausgeprägten Eigenschaften oft auch ein Defizit sehr wertvolle Aufschlüsse.

Die individuelle Eigenart eines Menschen wird nicht nur dadurch charakterisiert, welche Eigenschaften er hat, sondern in gleichem Maße auch dadurch, welche Eigenschaften er nicht hat.

In der praktischen Menschenkenntnis müssen wir uns auf das Erkennen der wesentlichen kennzeichnenden Züge eines Menschen konzentrieren und die liegen eben manchmal mehr im Fehlen bestimmter Eigenschaften.

„Gleich und gleich gesellt sich gern".
„Gegensätze ziehen sich an".

Jeder der beiden gegensätzlichen Sprüche hat auf seine Weise recht, aber eben nur zum Teil.

Mit der entsprechenden Menschenkenntnis können wir besser auf die Eigenarten der Kunden eingehen, können deren Motive für den Kauf erkennen, können somit auch den Nutzen besser herausarbeiten und somit die „Dinge" auch besser aus der Sicht des Kunden sehen.

Lange habe ich gegrübelt, überlegt … ob man wirklich die Dinge aus der Sicht des Kunden sehen sollte, bzw. sich in seine Lage versetzen sollte und für ihn „denken" sollte.

Zumal in vielen Unternehmen „gelehrt" wird, der Verkäufer / Kundenberater ist nur „zur Beratung" und natürlich zum Verkauf da, die Entscheidungen trifft der Kunde alleine (auch wenn es die Falschen sind).

Ist im Prinzip schon richtig, aber unter Beratung verstehe ich auch, dass ich mir ein Bild (anhand von Informationen, die ich zuvor „eingeholt" habe) von der Situation, den Möglichkeiten, den Wünschen und den Notwendigkeiten des Kunden mache und somit in der Lage bin einschätzen zu können, was er wirklich braucht.
Man sollte sich also auf den Kunden einstellen.
Damit findet ein fairer Verkauf statt und die Kunden sind dafür durchaus dankbar.
Die Folge ist zum Beispiel, dass sie „positiv" über einen sprechen und dass eine Weiterempfehlung stattfindet.

Ziel : Kundenmanager

Wir haben festgestellt, Kommunikation ist das Band, das jede Geschäftsbeziehung zusammenhält.
Die Kunden sind unsere Schiedsrichter, sie „stimmen" für oder gegen uns aufgrund unserer kommunikativen und sozialkompetenten Fähig-keiten.
Fachliche und soziale Kompetenz führt zum erfolgreichen Kundenmanager.
Im Mittelpunkt sollten wir immer den Kunden sehen, noch konkreter den Menschen, denn er ist personifiziert, identifiziert und individualisiert, d.h. dass wir vielmehr über ihn wissen müssen und wollen. Grunddaten reichen längst nicht mehr aus, je mehr wir über ihn wissen, umso größer sind unsere Chancen, in seinem Sinne erfolgreich handeln zu können.

Die Beziehungen und damit der Auf- und Ausbau von Netzwerken sollte im Vordergrund stehen, nutzen Sie moderne Kommunikationsinstrumente (Handys, Notebooks, elektronische Firmennetzwerke, Internet …), das einzige, was zählt ist der Kunde.

Eine Beziehung lebt von mehreren Elementen, ein Element ist das Geben und Nehmen, wenn Sie geben, dann wird Ihnen auch gegeben.

Betrachten Sie sich als „eigenes, persönliches Unternehmen", der / die Verkäufer / in muss sich als Unternehmer verstehen und auch so handeln.

Und natürlich stehen Sie auch zu anderen Verkäufern / innen in Konkurrenz.

Das Ziel muss heißen, raus aus der Vergleichbarkeit, der Kunde will als einmaliges Original betrachtet und behandelt werden, es zählt Persönlichkeit statt Intelligenz und dabei glaubwürdig sein.

Erfolge entstehen im Kopf – Misserfolge auch!!!

Und es gibt immer mehrere / durchaus auch verschiedene Wege zum Erfolg.

Das Arbeitsumfeld des zukünftigen Verkäufers / in wird sich dramatisch verändern.

Bauen Sie ein „eigenes, persönliches Image" auf, entwickeln Sie sich zu Ihrer „eigenen, persönlichen Marke".

Wichtig ist, sich von der Masse abzuheben und entsprechend aufzufallen.

Heutzutage will der Kunde nicht mehr nur / unbedingt beraten werden, sondern er möchte zu den Lösungen seines Problems hin begleitet werden.
Durch Werbung, Internet … weiß er oftmals mehr und besser über das Produkt / Dienstleistung (inklusive dem Preis) als der Verkäufer selbst.

Was also will der Kunde, wenn er mit Ihnen spricht?

Er / sie will auf der persönlichen, emotionalen Ebene angesprochen werden und Sicherheiten für seine (mitunter auch schon feststehenden) Entscheidungen bekommen.

Dem „Beziehungsmanager" gehört die Zukunft.

Hier können Sie nun durch Ihre entsprechende Kompetenz überzeugen und somit „das Geschäft machen".
Das individuelle Eingehen auf die Wünsche, Vorstellungen, Anforderungen des Kunden und die Sicherheit, die Sie ihm für <u>seine</u> Entscheidungen geben, sind die Basis für eine gute, vertrauensvolle Zusammenarbeit und somit natürlich auch für eine erfolgreiche „Verkaufsbeziehung".
Ziel ist es Partner des Kunden zu sein / zu werden, um somit seine Wünsche, Vorstellungen, Anforderungen … entsprechend managen zu können.

Wenn Sie das alles beherzigen, umsetzen und sich darauf einstellen, dann wird sich der Erfolg, auch im Form von Umsatzsteigerungen / Umsatzstabilität bemerkbar machen und Sie sind zum

--- Kundenmanager ---   geworden.

100

TWENTYSIX – der Self-Publishing-Verlag
Eine Kooperation zwischen der Verlagsgruppe
Random House und BoD – Books on Demand

Herstellung und Verlag:
BoD – Books on Demand, Norderstedt
ISBN 978-3-7407-3452-7